F. A. Credner

Die Rübenzucker-Industrie in Österreich beleuchtet vom Standpunkte der Volkswirtschaft und Finanzpolitik

DOGMA

F. A. Credner

Die Rübenzucker-Industrie in Österreich beleuchtet vom Standpunkte der Volkswirtschaft und Finanzpolitik

ISBN/EAN: 9783955074890

Auflage: 1

Erscheinungsjahr: 2012

Erscheinungsort: Bremen, Deutschland

Die

Rübenzucker-Industrie

in

Oesterreich

beleuchtet vom

Standpunkte der Volkswirthschaft

und

Finanzpolitik.

Prag, 1857.

In Commission bei F. A. Credner,
k. k. Hof-Buch- und Kunsthandlung.

Geschichtlicher Ueberblick.

Marggraf, ein deutscher Chemiker, machte ungefähr um die Mitte des vorigen Jahrhunderts die Entdeckung, daß aus dem Safte der Runkelrübe krystallinischer Zucker gewonnen werden kann. Er wandte kochenden Weingeist an, mittelst welchem er anfänglich aus getrockneten und pulverisirten Rüben, später aber aus dem Brei selbst den Zucker auszog. Nach seinen Angaben erhielt er auf diese Weise 5 pCt. Zucker aus der weißen schlesischen Rübe. Wie es jedoch mit vielen anderen wichtigen Erfindungen und Entdeckungen ging, so auch mit Marggrafs Entdeckung; sie wurde kaum beachtet. Es mußte noch ein halbes Jahrhundert verstreichen, bis Achard den Werth dieser Entdeckung vollkommen erkennend die erste Zuckerfabrik zu Cunnern in Schlesien im Jahre 1802 in's Leben rief. Er ließ die Runkelrüben in Kalkwasser kochen, preßte und filtrirte, dickte den Saft ein und überließ denselben sodann in warmen Stuben der langsamen Krystallisation.

Schon im Jahre 1799 aber hatte Nölbechen den ausgepreßten Saft erwärmt und erst später den Kalk zugesetzt, um den Saft zu läutern. Fast zu gleicher Zeit gewann Göttling durch die kalte Maceration 5½ bis 6 pCt. Rohzucker. Lampadius und Schaup fanden, daß der Saft durch Anwendung der Holzkohle heller und reiner am Geschmacke und Geruche wurde.

Auch Hermbstädt, Tromsdorff und Koch verbesserten das Verfahren wesentlich.

Bis hieher war es deutscher Fleiß und deutsche Beharrlichkeit, welche die ursprünglich deutsche Entdeckung verbesserten und den Grund zur heu-

1

tigen Vollkommenheit legten. Die Nützlichkeit der Sache blieb jedoch noch immer in Zweifel gestellt. Der gewonnene Zucker war nicht weiß, der Geschmack war nicht rein, der Geruch des Zuckers war unangenehm. Niemand wollte denselben kaufen, und dennoch waren die Erzeugungs=kosten bedeutend. Ohne zwei Ereignisse, welche im ersten Jahrzehend dieses Jahrhunderts eintraten, wäre die Rübenzuckerfabrikation nicht weit aus jenem Stadium gerückt.

Durch die von Napoleon I. angeordnete Continentalsperre bemäch=tigte sich der französische Unternehmungsgeist der deutschen Erfindung. Getragen und unterstützt von der französischen Regierung fanden sich bald Männer, welche fähig waren, der Sache praktische Geltung zu verschaffen.

Derosne brachte die Knochenkohle statt der Holzkohle in Anwen=dung, und Dubrunfaut, Chaptal, Crespel, Beaujeu, Clemandot, Payen, Dombasl, Pelletan, Colleté und noch mehre Andere verbesserten in spä=tern Jahren die Verfahrungsweisen und Apparate dergestalt, daß man den Rüben=Zucker eben so weiß, rein und geruchlos erzeugen konnte, als den Colonialzucker, und hätten die Plantagenbesitzer sich dieser Verbesse=rungen nicht nach und nach bemächtiget, so würden dieselben die Con=currenz mit dem Rübenzucker schon längst nicht mehr haben aushalten können.

Durch den Fall Napoleons I. wurde im Jahre 1813 auch die Con=tinentalsperre wieder aufgehoben, und Alles schien sich wieder zu verei=nigen, um die Existenz dieses Industriezweiges, namentlich in Deutsch=land, neuerdings in Frage zu stellen.

Die Finanzpolitiker sahen in der Verbreitung dieser Industrie nichts weiter als eine Schmälerung der Finanzen durch verminderte Zollein=nahmen, so daß sie später nicht Anstand nahmen, ihre Kurzsichtigkeit durch einen vermeintlich guten Rath, den sie den Regierungen gaben, zu manifestiren, indem sie den Vorschlag machten, den Fabriken ihre bereits gemachten Ausgaben für die Anlagskosten durch eine zu machende An=leihe abzukaufen, um dieser ihnen so fatal scheinenden Industrie mit einem Schlage ein Ende zu machen.

Die Nationalökonomen behaupteten, daß eine Industrie, die noch viele Jahre zu ihrer Entwicklung bedarf, ohne daß mit Zuversicht ange=nommen werden könne, sie werde jemals die freie Concurrenz mit dem indischen Product aushalten können, durchaus keine besondere Rücksicht verdiene.

Der Landwirth war noch zu sehr, besonders in Oesterreich, an die alte Art der Bewirthschaftung gewöhnt, als daß er die Cultur einer Pflanze, welche manche Vorauslagen, Arbeit und Sorgfalt verlangte, nicht vorhinein mit mißliebigem Auge hätte betrachten sollen, und zwar um so mehr, als zu jener Zeit die Anwendung der Ackerbaumaschinen sich noch nicht Bahn gebrochen hatte.

Der Importeur sah sein Interesse im höchsten Grade beeinträchtigt, und der kleine Kaufmann hatte Mühe, den sich äußerlich noch sehr unvortheilhaft präsentirenden Rübenzucker an die mit vielen Vorurtheilen behaftete Menge der Consumenten abzusetzen. So vereinigten sich alle ungünstigen Umstände, um dieser Industrie eine nur kurze Lebensdauer in Aussicht zu stellen, den Muth der wenigen Unternehmer herabzustimmen und ihnen jeglichen Credit zu entziehen.

Die fortschreitenden Verbesserungen gaben jedoch immer wieder neuen Muth und gaben der Sache in den Jahren 1827 bis 1830 eine neue Wendung, so daß bis zum Jahre 1836 in Frankreich bereits der dritte Theil alles verbrauchten Zuckers durch inländischen, d. h. durch Rübenzucker gedeckt und die Ueberzeugung wach wurde, daß der ganze Bedarf im Lande selbst erzeugt werden könne. Nun begann man auch in Deutschland, Oesterreich und Rußland die Sache mit mehr Energie anzugreifen. Schon hatten mehre Fabriken in Frankreich und Deutschland gute Erfolge und entsprechenden Gewinn; dies genügte und man fing an allerwärts Zuckerfabriken zu errichten.

Doch erst um das Jahr 1832 fing diese Industrie an auch in Oesterreich festeren Fuß zu fassen. Viele der in der Epoche der Ungewißheit und Befangenheit angelegten Rübenzuckerfabriken waren genöthigt ihre Arbeiten wieder einzustellen, um entweder ganz aufzuhören oder sich ganz neu einzurichten.

Immer noch waren die Resultate keine besonders günstigen. Erst zehn, zwölf Jahre später gewann man auch in Oesterreich die Ueberzeugung, daß die Rübenzuckerindustrie vollkommen lebensfähig sei. Noch immer mochte man aber nicht daran glauben, daß selbe eine Steuer ertragen könne, bis nach der ersten Besteuerung auch diese Illusion verschwand.

Die Rübenzuckerfabrikation hat sich seitdem über ganz Frankreich, Deutschland, Oesterreich und Rußland verbreitet; die ungerechten Anklagen gegen diese Industrie verstummen mehr und mehr; die Ansichten werden heller, und man fängt an in allen Schichten der Bevölkerung

diese Industrie als eine höchst segensreiche, besonders für den österreichi=
schen Kaiserstaat, zu erkennen. Eine Sache, welche mit so vereintem
Kraftaufwande durch eine lange Reihe von Jahren mit allen Waffen
angegriffen, von der andern Seite mit so geringer Aussicht auf Erfolg
vertheidigt, endlich doch den Sieg gegen alle ihre Widersacher davon
trägt, verdient eine gründliche Würdigung von Seite der Finanzpolitiker
und Nationalökonomen. Der Kampf des Colonialzuckers gegen den Rü=
benzucker hat seinen Grund blos in der Concurrenz auf dem Weltmarkte,
auf dem sich diese beiden Zuckersorten begegnen, und das consumirende
Publicum könnte diesem Streite ruhig zusehen, wenn dabei der zum Be=
dürfnisse gewordene Zucker nur immer wohlfeiler würde.

Wenn aber das Product ungeachtet dieser Concurrenz nicht billiger
wird, so wird das Interesse reger und der Consument, der diese Diffe=
renz bezahlt, hört diesem Streite aufmerksamer zu und nimmt lebhafteren
Antheil daran.

In einer solchen Epoche nun dürfte es angemessen erscheinen, die
maßgebenden Verhältnisse zu beleuchten, Vorurtheile zu bekämpfen und
falschen Theorien ruhig und freimüthig entgegenzutreten, und dieses ist
der Hauptzweck der gegenwärtigen Schrift.

Zucker=Consumtion.

Wenn es wahr ist, was Liebig und schon lange vor ihm Canning
behauptete, daß der größere oder kleinere Verbrauch von Zucker und
Seife den sichersten Maßstab zur Bemessung des Culturgrades der Völ=
ker gebe, so muß es auch richtig sein, daß sich die Epochen des relativen
Stillstandes, Vor= oder Rückschrittes im Culturleben eines Volkes durch
die in Zahlen ausgedrückte mehr oder weniger steigende Consumtion von
Zucker und Seife bemessen läßt. Um daher für spätere Betrachtungen
sichere Anhaltspunkte zu gewinnen, ist es vor Allem nöthig, einen Blick
auf den Zuckerverbrauch im Allgemeinen zu werfen.

Die Zeit der ersten Zuckereinfuhr nach Europa wird verschieden
angegeben; doch findet sich in den Londoner Annalen, daß die erste Ein=
fuhr von einiger Bedeutung, nämlich etwa tausend Centner, im Jahre
1319 durch ein venetianisches oder genuesisches Schiff stattfand.

Man kann daher füglich annehmen, daß die Zuckerconsumtion in
Europa erst vor ungefähr 500 Jahren ihren Anfang nahm. Der Ver=
brauch nahm aber rasch zu und wuchs besonders seit Einführung des

Caffees durch die Türken, und später die Einführung des Thees und versüßter geistiger Getränke.

Man schätzt die Einfuhr nach Europa im Jahre

1730	auf	2,400.000	Ctr.
1770	„	4,800.000	„
1800	„	6,000.000	„
1830	„	10,800.000	„

Es hat sich somit der Verbrauch in 100 Jahren verfünffacht.

In England hat die Einfuhr betragen

1700	auf	220.000	Ctr.
1710	„	313.600	„
1734	„	940.800	„
1754	„	1,193.200	„
1775	„	1,625.000	„
1790	„	1,815.000	„
1800	„	2,775.000	„
1810	„	3,489.000	„
1820	„	2,581.000	„
1830	„	3,495.000	„
1840	„	4,000.000	„
1850	„	4,600.000	„
1856	„	5,000.000	„

Während die Zunahme der Consumtion in ganz Europa jährlich circa 5 pCt. in 100 Jahren betrug, war selbe in England jährlich 7 pCt.

Der Zuckerverbrauch hat im Jahre 1852 in Europa betragen:

A. Verbrauch an Zucker im Jahre 1852.

		Bevölkerung	Ctr. Colonial-Zucker	Rüben-Zucker	Summe	pr. Kopf Rüben- und Colonialzuck.	davon an Colonialzuck. Rübenzucker
1	England	27,488.523	6,900.000		6,900.000	25 1/10	
2	Frankreich	35,783.170	1,320.000	1,620.000	2,940.000	8,22	4,53
3	Zollverein	30,457.000	630.000	1,125.000	1,855.000	6,11	3,69
4	Oesterreich	36,514.000	760.000	300.000	1,060.000	2,90	0,89
5	Belgien	4,616.000	210.000	160.000	370.000	9,19	3,54
6	Niederlande	3,128.000	280.000		280.000	8,95	
7	Dänemark	2,312.000	303.660		303.660	13,13	
8	Schweden	4,645.000	300.000		300.000	6,50	
9	Hannover, Oldenburg ..	1,998.000	130.000		130.000	6,50	
10	Die übrigen Länder Deutschlands ohne die Hansestädte	640.000	40.000		40.000	6,50	
11	Schweiz	2,320.000	116.000		116.000	6,25	
12	Italien	19,000.000	760.000		760.000	5	
13	Spanien	14,000.000	280.000		280.000	2	
14	Portugal	3,472.000	69.140		69.140	2	
15	Türkei	15,000.000	300.000		300.000	2	
16	Griechenland	1,000.000	20.000		20.000	2	
17	Rußland	66,000.000	690.000	300.000	990.000	2	0,45
18	Alle übrigen Länder mit den Hansestädten	6,000.000	290.200		290.200	4,83	
		274,273.693	13,500.000	3,505.000	17,005.000	6 2/10	

Es ergibt sich somit als Durchschnitts-Verbrauch $6^2/_{10}$ Pfd. jährlich pr. Kopf.

Die jährliche Steigerung des Verbrauchs nimmt progressiv zu, und zwar:

a) in dem Verhältnisse der fortschreitenden Cultur der Völker;

b) im Verhältnisse der Vermehrung der Einwohnerzahl;

c) im Verhältnisse des Zuckerpreises selbst.

Für England beträgt die jährliche Vermehrung des Verbrauches schon über 7 %. Zu Anfang dieses Jahrhunderts betrug die Consumtion in England etwa 5 Pfd. pr. Kopf; heute beträgt selbe 25 Pfd. In Frankreich betrug die Consumtion im Anfange dieses Jahrhunderts circa 2 Pfd. pr. Kopf, oder ungefähr so viel als heute in Rußland. Gegenwärtig beträgt selbe $8^1/_4$ Pfd.

In der österr. Monarchie betrug im Anfange dieses Jahrhunderts der Verbrauch an Zucker kaum noch $^1/_2$ Pfd. pr. Kopf, heute beträgt derselbe 3 Pfd.

Es dürfte für die Beantwortung so mancher Fragen, die sich noch ergeben werden, nicht überflüssig erscheinen, darüber Betrachtungen anzustellen, wie weit der Zuckerverbrauch in Europa sich noch steigern kann, bis er den höchsten Punkt erreicht haben wird.

Da man natürlich nicht wissen kann, welche Anwendung der Zucker in der Technik überhaupt noch finden kann, so läßt sich mit Rücksicht auf diesen Umstand die Frage auch nicht einmal annäherungsweise beantworten.

Die Consumtion des Zuckers auf der Insel Cuba, auf Java und an vielen Punkten Asiens erreicht pr. Kopf oft das namhafte Quantum von 60 bis 80 Pfd. Allein jene Verhältnisse, welche durch Klima und Lebensweise bedingt sind, können für unsere Verhältnisse keinem Anhaltspunkt geben. Wollen wir jedoch sehr mäßig rechnend annehmen, daß in den Städten von der Mittelclasse täglich im Durchschnitte 2 Loth pr. Kopf consumirt werden, was für eine Familie von 6 Personen monatlich einen mittleren Hut Zucker gibt, so erhalten wir gerade jenes Quantum, was England heute consumirt, nämlich 25 Pfd. pr. Kopf im Jahre.

Betrachten wir nun den Umstand, daß in Oesterreich seit 50 Jahren sich der Zuckerverbrauch versechsfacht hat, und halten wir fest, daß die Steigerung der Consumtion auch in Oesterreich mindestens 6 % pr. Kopf beträgt, daß endlich die Zunahme der Bevölkerung sicher um 1 % pr.

Jahr steigt; so können wir mit fast mathematischer Gewißheit annehmen, daß in 50 Jahren die Bevölkerung auf 60 Millionen Einwohner gestiegen sein, und der Zuckerverbrauch pr. Kopf sich auf 25 Pfd. wie heute in England stellen wird.

Zu diesen Annahmen berechtigen blos die bisherigen Erfahrungen anderer Länder. Wenn auch öfters in Kriegszeiten, oder in Mißjahren, bei großen Geschäftsstockungen, oder wenn die Zuckerpreise durch außergewöhnliche Fluctuationen steigen; ein kleiner scheinbarer Stillstand, oder gar Rückschritt eintritt, so nimmt die Steigerung der Consumtion, nachdem die Ursachen des Stillstandes verschwunden sind, rasch wieder zu, so zwar, daß die Berechnungen von 20 zu 20 Jahren stets eine regelmäßige Steigerung der Consumtion von 6 % seit Anfang dieses Jahrhunderts in Oesterreich nachweisen.

Da die Consumtion in ganz Europa gegenwärtig schon über 17 Millionen Centner beträgt, so muß die jährliche Mehrconsumtion mindestens mit 1 Million Centner veranschlagt werden.

Daß die Zuckerconsumtion in den außereuropäischen Ländern ebenfalls fortschreitet, ist eine bekannte Thatsache; namentlich aber ist dieses der Fall in Nordamerika, welches Land seinen Bedarf schon lange nicht mehr selbst zu decken im Stande ist. *)

Man hat sich zwar oft bemüht, den Zuckerverbrauch in den Colonien selbst zu ermitteln. Abgesehen davon, daß es sehr schwierig sein dürfte, zu einem auch nur annähernd richtigen Resultate zu gelangen, so kann es für den vorliegenden Zweck nur von einem sehr untergeordneten Interesse sein, diese Ziffer kennen zu lernen, da unter den angeführten Umständen Europa wohl niemals Zucker nach jenen Ländern ausführen wird; wohl aber wird es für uns wichtig sein zu erfahren, wie viel jene Länder für den Export nach Europa produciren.

---

*) D. P. Gardner in New-York bemerkte schon im Jahre 1836: Ohne sich die europäischen wissenschaftlichen und technischen Vervollkommnungen der Zuckerfabrication anzueignen, werden die Tropenländer nach Aufhebung der Sklaverei schwerlich im Stande sein, ferner den Zuckermarkt zu versorgen, und es ist sehr zu bezweifeln, ob sie, selbst mit den vollkommensten Einrichtungen, ohne erzwungene Arbeit der Bedarfszunahme werden genügen können. Wahrscheinlich werden daher die Bewohner der gemäßigten Zonen, wenn sie den Zucker nicht entbehren wollen, sich bestreben müssen, einen immer größern Theil des Bedarfes selbst zu erzeugen.

Production.

Nachdem wir nicht blos den wirklichen gegenwärtigen Verbrauch von Zucker, sondern auch die progressive Zunahme des Verbrauches, und somit die annähernde Ziffer des künftigen Gesammtverbrauches kennen gelernt haben, wollen wir untersuchen, ob die Production diesem steigenden Verbrauche entspricht, und mit demselben gleichen Schritt hält.

Nur aus der richtigen Zusammenstellung der auf diese beide Fragen Bezug habenden Daten, und der daraus resultirenden Antwort wird man auch auf den Preis des Zuckers in nächster Zukunft richtige Schlüsse ziehen können, was uns anderseits wieder in den Stand setzen wird, über den fortschreitenden Verbrauch sichere Anhaltspunkte zu gewinnen.

Bedenkt man, daß es in Europa äußerst schwer ist, die genaue Ziffer des erzeugten Rübenzuckers von Jahr zu Jahr kennen zu lernen, um wie viel schwerer muß es sein, zu einer richtigen Ziffer der Zuckerproduction in den Colonien zu gelangen!

Nur aus der ziemlich genau bekannten Einfuhr nach Europa läßt sich ermitteln, welche Fortschritte die Production macht. Hierüber aber liegen ziemlich genaue Daten vor; Dieterici gibt, nachdem er verschiedene Angaben verglichen, als mit den meisten übereinstimmend, folgende Uibersicht der Production an. *)

---

*) Welche auch mit unseren gepflogenen Zusammenstellungen übereinstimmen.

B. Zucker-Production.

	1828	1851	daher mehr
	Ctr.	Ctr.	
Amerika			
Brittisch Westindien	4,210.000	3,060.000	
Nordamerika, Luisiana *)	400.000	2,400.000	2,000.000
Brasilien	560.000	2,340.000	1,780.000
Französ. Colonien................	1,000.000	1,200.000	200.000
Dänische u. schwedische Colonien	200.000	200.000	
Holländische Guyana	200.000	200.000	
Cuba Portorico	1,300.000	6,000.000	4,700.000
Asien **)			
Britisch Indien.................	156.000	1,500.000	1,344.000
Java.........................	100.000	1,500.000	1,400.000
Manilla, Siam, Philippinen...	200.000	600.000	400.000
Afrika			
Mauritus	360.000	1,000.000	640.000
Europa			
Rübenzucker	140.000	3,500.000	3,360.000
	8,826.000	23,500.000	16,674.000
ab minus in Westindien...	—	—	1,150.000
			15,524.000
Hievon ab die eigene Consumtion in Amerika und Afrika		6,000.000	
bleiben zur Ausfuhr nach Europa......................		17,500.000	
ab		2,090.000	Nord-Amerikas Verbrauch
		15,500.000	

*) Nord-Amerika führt nichts aus, benöthigt seinen Zucker selbst und führt noch eine Vermehrung der Producte in 22 Jahren um (100 : 283) nach Abschlag um 3 % pr. Jahr.

**) Für Asien wurde nur das als Production berechnet was zur Ausfuhr kömmt, daher auch die eigene Comsumtion nicht in Abschlag kommen kann.

Nach dieser Uiberſicht beträgt ſomit die jährliche Mehreinfuhr ſeit 22 Jahren nur 3 %, während die Mehr-Conſumtion, wie wir geſehen haben, jährlich 6 % beträgt, es müſſen die 3 % daher durch Rüben=zucker erſetzt werden, wenn nicht unfehlbar ein Mangel, und in Folge des Mangels höhere Preiſe, und in Folge der höhern Preiſe ein Still=ſtand und endlich ein Rückſchritt der Conſumtionsvermehrung eintreten ſoll.

Die Geſammtconſumtion wurde mit 17,005.000 Ctr. angegeben, während die Production nur mit 15,500.000 erſcheint, da Nordamerika nicht unter den Conſumenten aufgeführt iſt, und ſeinen in Luiſiana er=zeugten Zucker ſelbſt verbraucht.

Es ſtellt ſich ſomit ſchon jetzt ein Deficit von 1 ½ Millionen Cent=ner heraus. Die Folge dieſes Deficits ſind die ſeit einigen Jahren ſich haltenden Preiſe und die dadurch eingetretene geringere Steigerung der Conſumtion, indem ſich die Rübenzuckerproduction nicht in dem gleichen Maße und ſo raſch vermehrt, um dieſes Deficit decken zu können, und dieſes Deficit wurde ſeit einigen Jahren aus den Vorräthen ſämmtlicher Häfen und Entrepots gedeckt.

Die Rübenzuckerproduction wurde im J. 1845 noch mit 1 ½ Millionen Centner angenommen, während ſelbe heute in Europa ſchon mehr als 2 ½ bis 3 Millionen Centner beträgt, und ſich ſomit um mindeſtens 66⅔ % in 10 Jahren oder jährlich nahe um 7 % hob.

Hieraus dürfte zu entnehmen ſein, daß die Mehrconſumtion von Zucker in jenen Ländern, welche Rübenzucker erzeugen, durch inländiſchen Zucker gedeckt wird, und auch fortan gedeckt werden muß; indem die Mehrproduction an Colonialzucker kaum hinlangt, den Mehrbedarf jener Länder zu decken, welche keinen Rübenzucker erzeugen.

Der Geſammtwerth des Colonialzuckers derzeit gering à fl. 18 veranſchlagt, beträgt gegenwärtig 324 Millionen Gulden jährlich, welche Europa an die Colonien blos für Zucker bezahlt.

Wenn die Production von Colonialzucker ungeachtet des ſtets ſtei=genden Bedarfes und ungeachtet der höhern Preiſe dennoch keine ſchnel=lere Fortſchritte macht, als es der Fall iſt, ſo unterliegt es wohl keinem Zweifel, daß die Zuckerproduction in den Colonien nicht mehr jenen Ge=winn abwirft, der zu neuen Anlagen und bedeutenden Vergrößerungen der beſtehenden Plantagen einladend wäre. In der That ſind alle ein=zelne Factoren, welche für den Erzeugungspreis maßgebend ſind, ſo wie in Europa, auch in den Colonien ſeit den letzten 20 Jahren bedeutend höher geworden! Arbeitskraft, Brennſtoff, Grundſteuern und Geld ſind weit mehr als der Zucker seit 20 Jahren gestiegen; so daß es den Zucker-fabriken in den Colonien nur durch die den Rübenzuckerfabriken in Europa abgelernte bessere Einrichtung gelang, die Concurrenz auszuhalten.

Da es keinem Zweifel unterliegt, daß die fortwährend steigende Consumtion in Europa uns die Nothwendigkeit auferlegt, die Production des inländischen Zuckers in jenem Maße zu steigern, als die Consumtion wächst, wenn nicht die Preise bedeutend steigen sollen, so wird die nächste Frage offenbar die sein, ob die Verhältnisse es gestatten, diesen Bedarf zu befriedigen, und bis zu welchem Grade.

Wir gelangen somit auf das Feld der landwirthschaftlichen Be-trachtungen.

Wir werden uns hierbei um so länger aufhalten müssen, als sich hier die verschiedenartigsten Interessen berühren, und sehr große Vor-urtheile zu bekämpfen sind, welche oft auf eine sehr künstliche und durch-dachte Art nicht nur absichtlich unterhalten, sondern wo und wenn immer es angeht, vermehrt werden. Die Production des Rübenzuckers nimmt allerdings viel Boden in Anspruch, sie erfordert Capital, Arbeits-kräfte, Intelligenz und Fleiß; allein sie beeinträchtigt weder unsere Ge-treideproduction, noch irgend ein anderes Gewerbe, sondern erhöht jene und beschäftigt die letzteren; — dies klar und deutlich zu beweisen, soll unsere nächste Aufgabe sein.

Die Rübe als Rohmaterial.

Es wird vorerst nöthig erscheinen zu ermitteln, wie viel Rüben auf einem gegebenen Flächenraum durchschnittlich erzeugt werden können, wobei natürlich vorausgesetzt wird, daß die Rede nur von einem für den Rübenbau wirklich geeigneten Boden sein kann. Die praktischen Erfahrungen geben auch dafür den sichersten Anhaltspunkt, und man kann füglich eben so gut von jenen außerordentlichen Ernten im Nord-Departement Frankreichs und in einigen Gegenden Belgiens und Deutsch-lands Umgang nehmen, als von den spärlichen Ernten schlechter oder schlecht gepflegter Böden. Wenn gleich in Oesterreich noch jetzt nicht eine Mittelernte von 300 Cent. pr. Joch angenommen werden darf, so ist die Zeit doch nicht mehr ferne, wo man diese Ziffer wird als Durch-schnittsquantum annehmen können. Ein Joch hat 57500 □.-Fuß, rech-net man daher $1\frac{1}{4}$ □.-Fuß auf eine Rübe pr. 1 Pfd., und nimmt man selbst 20 % an, welche von dieser Anzahl □.-Fuß Feld leer stehen bleiben, oder wo die Pflanzen nicht fortkamen, so bleiben immer noch

300 Centner. Nehmen wir ferner 20 Centner Rüben als Bedarf für 1 Cent. raffinirten Zucker an, so kann ein Joch Feld gerade 15 Centr. Zucker liefern, und wir erhalten, da 10.000 Joche auf eine Q.=Meile gehen, 150.000 Ctr. Zucker für eine Q.=Meile.

Indem wir uns bei diesen Betrachtungen blos auf den öster. Kaiserstaat beschränken, so kömmt auch nur die Steigerung der Consumtion in Oesterreich in Betracht, und wir haben selbe nahezu mit 50000 Ctr. pr. Jahr anzunehmen, so daß der Flächenraum, welcher jährlich der Mehrproduction von Zucker zugewendet werden müßte, 3333⅓ Joch beträgt. Ohne uns auf eine Berechnung einlassen zu wollen, wann der Zuckerverbrauch in Oesterreich seinen Culminationspunkt erreicht haben wird, wollen wir bei der frühern Annahme von 25 Pfund pr. Kopf im Jahre, so wie heute in England, und bei einer bis dahin auf 60 Millionen Einwohner gestiegenen Bevölkerung der Monarchie stehen bleiben, und nun untersuchen, ob dieses ganze Quantum ohne Beeinträchtigung der Production der Cerealien und Feldfrüchte im Lande erzeugt werden könnte. Es muß hierbei natürlich im Auge behalten werden, daß dann schon 5000 Seelen auf die ☐'Meile in Oesterreich kommen, und daß bei einer Consumtion von 25 Pfund Zucker pr. Kopf das ganze Quantum des im Lande erzeugten Zuckers gerade 15 Millionen Centner, d. h. soviel betragen würde, als gegenwärtig für ganz Europa von sämmtlichen Colonien eingeführt wird.

Zur Production der für dieses Quantum Zucker erforderlichen Rübe wäre ein Raum von 50 bis 100 ☐ Meilen nöthig, je nach der Qualität und Quantität der pr. Joch erzeugten Rübe.

Untersuchen wir nun, ob bei einer Bevölkerung, deren Dichtigkeit schon 5000 Seelen pr. ☐ Meile erreicht hat, so viele Rüben erzeugt werden könnten, nämlich circa 300 Millionen Ctr.

Der österreichische Kaiserstaat hat:

115,774.156 Joche, hievon sind

17,681.215 Joche unproductiv, d. i. für Häuserstellen, Flüsse, Moräste, Sümpfe, Straßen ꝛc. abzurechnen, und es bleiben sonach

98,092.941 Joche à 1600 ☐ Klafter für productive Gesammtfläche. Von diesem productiven Boden sind:

36,866.762 Ackerland,

111.441 Reisfeld,

1,728.962 Weingärten,

11,593.470 Wiesen und Gärten,

12,553.405 Weiden,

35,150.349 Wald,

17.242 Olivenwald,

70.810 Kastanien= und Lorbeerwald,

98,092.941 Joche.

Der Ertrag dieser 98 Millionen Joche productiven Bodens wurde im Jahre 1842 mit 1375 Millionen Gulden veranschlagt, dürfte aber heute mindestens 2000 Millionen betragen.

Die statistischen Tafeln geben für das Jahr 1851 die productive Gesammtoberfläche etwas genauer mit 98,912.309 Jochen an, und theilen dieselben in

36,513.850 Ackerland,

110.546 Reisfelder,

1,224.745 Weingärten,

14,085.769 Wiesen und Gärten,

41.376 Olivenwälder,

67.249 Lorber= und Kastanienwälder,

15,557.205 Weiden,

31,311.569 Waldungen,

98,912.309 Joche.

Unstreitig dürfte diese letztere Angabe richtiger als die erste sein.

Die Production der eigentlichen Mehlfrüchte auf den 36,513.850 Jochen Ackerland wird angegeben mit:

39,811.000 Nieder Oest. Metzen Weizen,

58,216.000 „ „ „ Roggen,

43,841.000 „ „ „ Gerste,

77,392.000 „ „ „ Hafer,

32,929.000 „ „ „ Mais

252,189.000 n. ö. Metzen.

83,823.000 Kartoffeln, außerdem wurden 40,000.000 Ctr. Rüben aller Art, ferner Kraut, Tabak, Hanf und Flachs ꝛc. erzeugt. Nehmen wir an, daß selbst in ganz Oesterreich zu jener Zeit noch $1/3$ dieser Ackerfläche eine Brache gewesen sein soll, $1/3$ für Kartoffel, Kraut, Rüben und andere Handelspflanzen bestimmt war, so entfiel an eigentlichen Mehlfrüchten, nämlich für Weizen, Roggen, Gerste, Hafer und Mais nur eine Ernte von $6\frac{9}{10}$ oder in runder Summe 7 Metzen auf einen Metzen Aussaat!

Dabei wurden: 10,410.484 Stück Hornvieh,

　　　　　　3,229.884 „ Pferde,

　　　　　　16,805.545 „ Schafe

ernährt; so daß durchschnittlich auf

　3½ Joch Ackerland 1 Stück Hornvieh,

　c. 12 „　　„　1 „ Pferd,

　2¼ „　　„　1 „ Schaf entfiel.

Wir wollen bei der uns gestellten Aufgabe noch ganz von jenen 12 Millionen Joch Weiden, und

　35 „　　„ Wäldern absehen und uns bloß an die gegebene Ackerfläche halten, und untersuchen, ob diese Fläche bei einer zeitgemäßen Cultur im Stande ist, jene Menge Rüben abzugeben und auch den mit der Zunahme der Bevölkerung wachsenden Bedarf an Brod= früchten zu decken.

Hierbei müssen wir annehmen, daß für die gegenwärtige Bevölke= rung der angeführte Körnerertrag vollkommen genügte, da noch Getreide ins Ausland geführt wurde.

Um zur Beantwortung unserer Frage zu gelangen, ist es nöthig zu untersuchen, wie viel Getreide überhaupt auf einem n. öster. Joche Feld erzeugt werden kann, wenn die Cultur ihren Höhenpunkt erreicht haben wird.

Der Ertrag von gut cultivirten Feldern beträgt dermalen, im 10jährigen Durchschnitt: an Korn

　in Baiern　　24½ Metzen pr. österr. Joch

　„ Preußen　　26⅛ „　„　„　„

　„ Württemberg 26¼ „　„　„　„

　„ Böhmen　　21　„　„　„　„

Weit bedeutender ist der Ertrag in England, wo er oft auf 30 bis 36 Metzen pr. österr. Joch steigt. In dem bewässerten Lande bei Va= lencia werden 30 Ctr. Weizen pr. Magdeburger Morgen, in Mexiko in einigen Gegenden die 38fache Aussaat geerntet. *)

Untersuchen wir theoretisch, was auf einem Joche im günstigsten Falle geerntet werden kann.

Ein österr. Joch hat 1600 ☐ Klafter ✕ mit 36 = 57.600 ☐ Fuß ✕ 144 = 8,294.400 ☐ Zoll.

------

*) Was hier nur als Beispiel der möglichen Fruchtbarkeit unter gegebenen Umstän= den dienen soll.

Rechnet man nun 8 ☐ Zoll als Raumbedürfniß für eine Roggen=
pflanze, so erhalten wir mehr als eine Million Pflanzen; möge jede
Pflanze nur zwei Halme zur Reife bringen, und jeder Halm nur 30
Körner enthalten, so giebt dies 60 Millionen Körner. Da man nun
2,200.000 Körner auf einen n. österr. Metzen rechnet, so erhält man
schon als Resultat 28 n. österr. Metzen pr. Joch, ohne daß man über
die Grenzen der praktischen Erfahrungen und Ergebnisse hinauszugehen
braucht. Wenn wir daher annehmen, daß wir durchschnittlich dieselben
Ernten in 30—40 Jahren erhalten, welche heute in Württemberg als
Durchschnittsernten gelten, so kann man wohl nicht behaupten, daß wir
zu sanguinische Hoffnungen nähren. Bliebe daher unsere gegenwärtige
oben angenommene Cultureintheilung, nämlich die reine Dreifelderwirth=
schaft, auch unverändert, so würde der Mehrertrag an Körnerfrüchten
blos durch bessere Pflege und Düngung schon 33% betragen.

Es kann jedoch mit Zuversicht angenommen werden, daß die
Fruchtwechselwirthschaft, welche in den deutsch= österr. Provinzen schon
täglich mehr an die Stelle des alten Systems tritt, auch in Ungarn,
Galizien und den übrigen nicht deutschen Provinzen sich Geltung ver=
schaffen wird, so daß in dem gegebenen Zeitraume von 50 Jahren, auch
jenes Drittheil der Ackerfläche, welches in der bisherigen Berechnung als
reine Brache angenommen wurde, mit Körnerfrüchten bebaut, d. h. in
die neuen Wirthschaftssysteme mit einbezogen werden wird; und wir
erhalten somit nach Abzug eines Drittheils für andere Producte 24
Millionen Joche zur Bestellung für Brodfrüchte, welche nur mit 26 Me=
tzen pr. Joch veranschlagt 624 Millionen Metzen liefern würden. Da
wir aber gegenwärtig nicht 7 Metzen pr. Kopf bedürfen, so werden wir
dann auch nicht mehr für den eigenen Bedarf brauchen, und somit bei
einer Bevölkerung von 60 Millionen Einwohner mit 420 Millionen
Metzen reichlich auslangen, so daß noch 204 Millionen Metzen, also
fünf= oder sechsmal so viel als jetzt ausgeführt werden kann. *)

---

*) Böhmen, Mähren und Oesterr.=Schlesien bauen gegenwärtig auf 6 Millionen Joch
  bereits in Cultur stehendem Ackerboden nahe an 6 Millionen Centner Rübe, und
  es könnten ohne die mindeste Anstrengung noch leicht 5= bis 6mal so viel Rüben
  producirt werden als jetzt. Nun wird die productive Ackerfläche, d. h. der bereits
  als Acker benützte Boden in nachstehenden Ländern in den neuen statistischen
  Tabellen wie folgt angegeben:

  Galizien   5,551.456
  Bukowina   358.872

Um jedoch die nöthige Quantität Rüben zu bauen, müßte man von 36 Millionen Joch Ackerland eine Million für den Rübenbau in Abzug bringen. Dabei ist noch Folgendes zu bemerken:

1. Die in dem österr. Kaiserstaate noch sehr bedeutende Mehlconsumtion wird bei der fortschreittnden Cultur bedeutend abnehmen, und durch größere Consumtion an Fleisch, Gemüse, andere Victualien und Zucker, Caffee rc. ergänzt werden, indem

2. in Folge des sich mehr und mehr ausdehnenden Rübenbaues die Viehzucht und Consumtionsfähigkeit zunimmt.

3. Daß bei fortschreitender Cultur und Vermehrung der Bevölkerung wie in England, Frankreich und Deutschland der Garten-, Wein- und Obstbau sich vermehren muß.

4. Daß von den bis jetzt so unzweckmäßig benützten 15 Millionen Joch Weiden der größte Theil mit Hülfe der künstlichen Bewässerung, der verbesserten Ackerbauwerkzeuge und künstlichen Düngung in Aecker, Gartenland und Wiesen umwandelt werden müsse.

5. Daß von jenen 35 Millionen Joch Waldungen, wovon bis jetzt kaum die Hälfte eine entsprechende Rente trägt, täglich mehr in Ackerboden und Wiesen umgewandelt werden.

Ungarn	10,103.030
Banat	2,495.430
Croatien und Slavonien	889.661
Siebenbürgen	2,161.345
Militärgränze	1,378.871

22,938.665, also ohne die deutschen Kronländer 23 Mill. Joche und mit Böhmen, Mähren, Schlesien fast 36 Millionen Joche. Bei einer Steigerung der Qualität der Rübe und bei einer im gleichen Verhältnisse wie in Böhmen und Mähren fortschreitenden Cultur in jenen Kronländern würde man also anstandslos ohne Hilfe der deutschen Kronländer und Italiens das Quantum von 15 Millionen Centner Zucker produciren können.

Wenn Preuß.-Schlesien auf seinen Ackerflächen, welche lange nicht die Hälfte von Böhmen, Mähren und Oesterr.-Schlesien betragen, schon jetzt nahe an 200.000 Centner Zucker producirt, ohne seine Productionsfähigkeit erschöpft, so wird es begreiflich, daß bei dem fortgesetzten Bestreben, den in der Rübe enthaltenen Zucker vollständiger zu gewinnen und die Rübe täglich mehr zu veredeln, auf einer so großen und sich noch täglich vergrößernden Ackerfläche die einstige Production von fünfzehn Millionen Centner Zucker nicht nur möglich, sondern ohne alle übernatürliche Anstrengung zu erreichen ist.

2

6. Daß von jenen 18 Millionen Joch unproductiven Bodens durch Austrocknung der Sümpfe, Regulirung der Flußbeete und Regulirung der besonders in Ungarn zahlreich vorhandenen Feldwege mehr als 3 Millionen Joch gewonnen werden dürften.

Unter solchen Umständen wäre es wohl lächerlich, befürchten oder gar behaupten zu wollen, daß durch den fortgesetzten Rübenbau der Fall eintreten könnte, daß es der Bevölkerung an dem nöthigen Getreibe fehlt; im Gegentheile zeigt es sich, daß gerade durch den fortschreitenden Rübenbau der Uiberfluß an Getreide nothwendig zunehmen muß, und wir sind in der Lage, dieses theoretisch und praktisch beweisen zu können, was die Gegner der Rübenzuckerindustrie auch immer sich bemühen mögen Gegentheiliges aufzubringen.

Lassen wir die Thatsache, daß der Rübenbau die alte Dreifelderwirthschaft dort, wo er sie noch findet, sogleich verdrängt, noch ganz außer der Berechnung, und halten wir uns blos an die Wirkungen, welche der Rübenbau auf die dem Ackerbaue gewidmeten Felder hervorbringt.

Die erste Bedingung ist eine tiefere Ackerung als gewöhnlich; schon dadurch gewinnt der Boden für alle Fruchtfolgen. Die zweite Bedingung für den Rübenbau ist eine reichliche Düngung, welche gewöhnlich dem in den frisch gedüngten Boden gebauten Getreide zu gut kömmt. Während die Rübe auf dem Felde steht, muß der Acker sorgfältig von allem Unkraute gereinigt werden, was der nachfolgenden Fruchtgattung abermals zu gut kömmt.

Jedermann und hätte er in seinem Leben nur einmal ein 2 bis 3 Q.-Klafter großes Gärtchen gepflegt, weiß: daß ohne Entfernung des Unkrautes jede Ernte eine nur höchst spärliche ist. Wie aber soll ein Feld vom Unkraute rein gehalten werden, auf welchem nie etwas anderes als Getreide gebaut wird. Ein weiterer höchst wichtiger Umstand ist die Aufbringung des Düngers. Wir haben oben ermittelt, daß gegenwärtig in Oesterreich auf 3½ Joch Ackerland erst ein Stück Hornvieh entfällt.

Von einer Kuh erhält man jährlich nur 18 Fuhren Dünger; für ein Joch Ackerland sind aber, um es in seiner vollen Kraft zu erhalten, 30 Fuhren Dünger nöthig; woher soll nun der Dünger kommen? Man müßte, um die Felder stets in voller Kraft zu erhalten, für jedes Joch Ackerland mindestens zwei Stücke Hornvieh halten.

Wie soll nun der höchst mögliche Ertrag erzielt werden, wenn das wichtigste Mittel dazu fehlt?

Die Rübenzuckerfabriken, welche sich ihre Rüben selbst bauen, halten nicht nur so viel Vieh zur Erzeugung des Düngers, als sie Futter aufzubringen vermögen, sondern kaufen noch Dünger, und legen für Knochenmehl, Guano, Oelkuchen und andere Surrogate bedeutende Summen aus. Alles dieses kommt aber der Getreideproduction in noch reichlicherem Maße zu als dem Rübenbaue selbst. Aus der hier beiliegenden Ertragsberechnung eines Wirthschaftsgutes, auf welchem eine Brache bestand, und welches nach dreijährigem Rübenbau 11¼ % mehr Getreide nebst den Rüben geliefert hat, wird man am besten entnehmen können, in welches Stadium unsere gesammte Landwirthschaft treten wird, wenn der Rübenbau in allen Provinzen eingeführt wird. Böhmen erzeugt gegenwärtig nahe an 30 Millionen Centner Rüben, und führt dennoch mehr Getreide aus als sonst, ohne daß die Preise deshalb höher stehen, als in andern Provinzen, wenn man die Lage berücksichtiget.

C. Ertragsberechnung
einer Wirthschaft von 1200 Metzen Feld einschließlich 200 Metzen Wiesen.

A. Dreifelder=Wirthschaft ohne Rübenbau.

a) Winterfeld 333⅓ Metzen

1. Mit Weizen:

133⅓ Metzen mit 7 u. ö. Metzen
Brutto-Ertrag pr. 1 Metzen Aussaat   933⅓ Met.
Hiervon ab:

Einsaat 1 Metzen	133⅓ Met.	
Wirthschaftskosten		
das 3fache der Saat 400	433⅓ "	
bleibt zum Verkauf		500 Met.

2. Mit Korn:

200 Metzen mit 7 u. ö. Metzen
Ertrag pr. Metzen   1400 "
Hiervon ab:

Einsaat 1 Metzen	200 Metzen	
Wirthschaftskosten		
das 3fache der Saat 600 "	800 "	
bleibt zum Verkaufe		600 "

2*

b) Sommerfelder 333¹/₃ Metz.

1. Mit Gerste:

133¹/₃ Metzen mit
7¹/₂ Metzen Ertrag   1000   Metz.
Aussaat 1¹/₈ Metzen   150   „
Wirthschaftskosten
das 3fache der Saat   450   „   600   „
      bleibt zum Verkaufe   400 Metz.

2. Mit Hafer 200 Metzen
Ertrag 10 Metzen   2000   „
Einsaat 1¹/₄ Metze   250 Metz.
Wirthschaftskosten
das 3fache der Saat   750   „   1000   „
      bleibt zum Verkaufe   1000   „

c) Brachfeld und Wiesen
¹/₃ reine Brache
¹/₃ Klee Futterkräuter für die Wirthschaft.
¹/₃ Kartoffel, Hülsenfrüchte für die Wirthschaft.

    Summe des Reinertrags:

500 Metzen Weizen.....................4¹/₂ fl.	2200 fl.	30	kr.
600 „ Korn.....................3 „	1800 „	—	„
400 „ Gerste.....................2¹/₃ „	933 „	20	„
1000 „ Hafer.....................1²/₃ „	1666 „	40	„
1000 Stück Schafe à 2 fl......................2000 „	—	„	
30 „ Milchvieh à 10 fl.............. 300 „	—	„	
	8900 fl.	30	kr.

Vierfelder-Wirthschaft mit Rübau bei gleicher Area.

A. Winterfeld 250 Metzen.

1. Mit Weizen:

125 Metzen Anbau, Ertrag 9 Metzen pr. Metze , 1125   Metzen.
Ab hiervon 1 Metze Aussaat...................... 125   „
      bleiben......... 1000 Metzen.
Wirthschaftskosten das 3fache der Saat............ 375   „
      bleibt zum Verkauf...... 625   „

2. Mit Korn: 125 Metz. Anbau, Ertrag 9¼ Metz. 1156¼ Metz.
Hiervon ab 1 u. ö. Mehr-Aussaat.................... 125 „

                                              1031¼ „

Wirthschaftskosten das 3fache der Aussaat......... 375 „

                       bleibt zum Verkaufe 656¼ „

B. Sommerfeld.

1. 250 Metzen mit Runkelrüben
à 100 Centner pr. Metzen.. ... 25.000 à 36 kr. 15000 fl.
Culturkosten 30 fl. pr. Metzen....... .. 7500 „ — „

                       bleibt Ertrag......... 7500 „ — „

2. Sommergetreide.
Gerste 125 Metzen à 10 Metzen.................. 1250 Metzen.
Hiervon ab Aussaat 1¼ „ .... 156¼ „

                       1093¾ „

Wirthschaftskosten...................... 468¾ „

                       bleibt zum Verkaufe...... 625 Metzen.

3. Hafer.
125 Metzen à 12 Metzen Ertrag.................. 1500 „
Saat 1¼ Metzen ab................................ 156¼ „

                       1343 „

Wirthschaftskosten wie oben...................... 468¾ „

                       bleibt zum Verkaufe 875 Metzen.

C. 250 Metzen Brache, Wiesen u. Kartoffeln, Kraut,
Futterbau ꝛc. für den eigenen Bedarf.............. —— —

Summe des Reinertrages:

625	Metzen Weizen à 4½ fl.....................	2812 fl.	30	kr.
656¼	„ Korn „ 3 „	1968 „	45	„
625	„ Gerste „ 2⅓ „	1458 „	20	„
875	„ Hafer „ 1⅔ „	1458 „	20	„
25000	Centner Rüben „ 36 kr.....................	7500 „	—	„
800	Stück Schafe „ 2 fl.....................	1600 „	—	„
50	„ Melkkühe „ 20 fl.....................	1000 „	—	„

                       17797 fl. 55 kr.

Ab für angekauftes Knochenmehl, Guano, Oelkuchen ꝛc. 2797 „ 55 „

                       15000 fl. — kr.

Ertrag der Wirthschaft nach dem alten
    Systeme ohne Rüben...................... 8900 „ — „

Somit mehr mit Rübenbau.......... ... 6100 fl. — kr.
also nahe an 70 %.

Die Resultate sind somit:

a) 281 Metzen mehr Mehlfrüchte (11¼ %).

b) Ernährung von 20 Stück Melkkühen mehr.

c) Mehrertrag von nahe an 70 %.

d) Nachhaltige Verbesserung der Böden.

Noch hätten wir das schwerere Gewicht von Weizen und Roggen mit in Anschlag zu bringen.

Aber wir wollen noch ein auffallenderes Beispiel anführen, nämlich Preußisch-Schlesien und die Provinz Sachsen, die einzigen Länder, welche nicht blos ihren ganzen schon auf 8 Pfd. pr. Kopf gestiegenen Zucker-bedarf im Lande erzeugen, sondern noch davon ausführen. Schlesien hat 742 Q.-Meilen und 3,061.593 Einwohner; somit 4126 Seelen pr. Quadrat-Meile.

Böhmen hat 944 geogr. Q.-Meilen mit 4,406,105 Einwohnern, somit 4884 Seelen pr. Q.-Meile.

Der Viehstand in Schlesien beträgt:

192.808 Pferde.

943.968 Stück Hornvieh.

2,909.326 „ Schafe.

In Böhmen:

154.502 Pferde.

1,074.977 Stück Hornvieh.

1,283.203 „ Schafe.

Die Getreideproduktion in Schlesien beläuft sich jedenfalls verhält-nißmäßig höher als in Böhmen mit Rücksicht auf gleiche Bodenfläche.

Die Durchschnittspreise vom Jahre 1853 waren:

			Weizen,	Roggen,	Gerste.	
für die Provinz		Preußen	80	60	46	
„ „	„	Posen	79	62	49	
„ „	„	Brandenburg	86	66	50	
„ „	„	Pommern	87	67	49	Silbergroschen pr. Scheffel.
„ „	„	Rheinland	99	76	54	
„ „	„	Westphalen	91	75	53	
„ „	„	Sachsen	81	70	51	
„ „	„	Schlesien	81	65	50	

Die beiden Rüben bauenden Provinzen Preußens hatten somit (ausschließlich Preußisch-Polen) die niedersten Getreidepreise. Ebenso hat Böhmen unter den ehemaligen deutsch-österreichischen Provinzen die niedersten Getreidepreise bei dem stärksten Rübenbau.

Schlesien producirte im Jahre 1851—1852   3,185.000 Centner
Provinz Sachsen..............   „   11,757.000 „
Böhmen höchstens..............   „   1,500.000 „
Rüben zur Zuckerfabrikation.

Es unterliegt keinem Zweifel, Oesterreich kann noch hundert Jahre hinaus, selbst bei der höchsten Steigerung des Zuckerverbrauchs nicht nur seinen ganzen Bedarf an Zucker im Lande selbst erzeugen, sondern gerade dadurch seine Getreide- und Fleischproduktion so steigern, daß es in den Stand gesetzt wird, jede Concurrenz mit dem industriellen Auslande siegreich zu bestehen, und das Mittel, jede Concurrenz auf dem industriellen Gebiete mit dem Auslande zu bestehen, ist gerade die Rübenzuckerindustrie selbst, bei den eigenthümlichen Verhältnissen des österr. Kaiserstaates.

Um dafür die nöthigen Beweise zu liefern, wird es nöthig sein, die Fabrikation des Rübenzuckers in's Auge zu fassen, ohne uns deshalb in das technische Gebiet derselben einzulassen, welches nicht der Zweck dieser Schrift ist.

Die Fabrikationskosten.

A. Fabriksanlage.

Wir geben hier den genauen Kostenaufwand einer in neuerer Zeit von Grund aus neu gebauten Zuckerfabrik auf 100.000 Centner Rübenverarbeitung und zur Raffination vollständig eingerichtet.

D. Kosten

einer von Grund auf neugebauten und eingerichteten Zuckerfabrik auf 100.000 Ctr. Rübenverarbeitung.

Baulichkeiten.

Post-Nr.		Handwerker und Taglöhner		Material		Zufuhr		Zusammen	
		fl.	kr.	fl.	kr.	fl.	kr.	fl.	kr.
1	Maurer und Handlanger.	12430	—					12430	—
2	Baumaterial	561	50	16442	10	8496	—	25500	—
3	Steinmetzarbeit	950	—					950	—
4	Steinmetzmaterial	21	46	885	30	232	15	1139	31
5	Zimmermannsarbeit	2500	—					2500	—
6	Zimmerholzbretter	150	—	9400	—	450	—	10000	—
7	Ziegeldeckerarbeit.........	329	19					329	19
8	Ziegeldeckermaterial	22	50	1653	45	206	35	1883	10
9	Tischlerarbeit	2000	—					2000	—
10	Schlosserarbeit	1300	—					1300	—
11	Schmiedearbeit	500	—	1162	—	256	—	1918	—
12	Anstreicherarbeit...........	750	—					750	—
13	Spenglerarbeit	220	—					220	—
14	Glaserarbeit	880	—					880	—
		22615	45	29543	25	9640	50	61800	—

Recapitulation.

Handwerker und Taglöhner.....	22615 fl.	45 kr.
Material...................	29543 fl.	25 kr.
Zufuhr	9640 fl.	50 kr.
Summe......	61800 fl.	— kr.
Innere Einrichtung...............	138300 fl.	— kr.
	200000 fl.	— kr.

Innere Einrichtung.

Post-Nr.		Gewicht Pfd.	Einzeln Preis pr. Ctr. fl.	kr.	Betrag fl.	kr.
15	1 Centimentalwage pr. 100 Ctr....	2600	—	—	700	—
16	1 Waschmaschine	1000	—	—	250	—
17	1 Rübenaufzug	400	—	—	160	—
18	1 Wage zur Versteuerung	200	—	—	30	—
19	1 Reibe mit mechanischem Vor-brücker und mit einem Reserve-cylinder	4200	—	—	1350	—
20	1000 Stück Sägeblätter	—	—	12	200	—
21	6 Pressen mit schmiedeisernen Säu-len	48000	1100	—	6600	—
22	3 Sperrstöcke sammt Kasten	500	—	—	450	—
23	Complete schmiedeiserne Packtische	2250	12	—	270	—
24	Schmiedeiserne Preßröhren	300	100	—	300	—
25	300 St. Preßbleche	3000	20	—	600	—
26	Schmiedeiserne Rübenkästen	400	24	—	96	—
27	Schmiedeiserne Preßblechwaschkasten	500	24	—	120	—
28	1 Dampfmaschine auf 12 bis 16 Pferdekraft, zum Betriebe der Pressen, Wasserpumpen und zur Rübenmanipulation überhaupt...	15000	—	—	5400	—
29	2 liegende Luftpumpmaschinen	30000	3000	—	6000	—
30	Triebwerk, Hängearme, Riemschei-ben ꝛc. ꝛc.	5000	26	—	1300	—
31	3 große Dampfkessel	34500	23	—	7935	—
32	Gesetzliche Armatur hierzu sammt Heizthüren, Roste ꝛc.	12000	650	—	1950	—
33	1 Speisepumpe	900	—	—	450	—
34	1 Wasserkasten von Schmiedeisen	800	26	—	208	—
35	1 Dampfvertheiler sammt Sperr-ventilen	800	60	—	480	—
36	1 Dampfsammler	700	24	—	168	—
37	Armatur dazu	—	—	—	91	—
38	2 Retour d'eau	1400	23	—	322	—
39	4 Läuterkessel	6000	700	—	2800	—
40	2 Schaumpressen	2000	200	—	400	—
41	1 Spodiumbrechmaschine	1100	—	—	250	—
42	1 Siebmaschine	200	—	—	75	—
43	1 Schatten'scher Spodiumofen	15000	—	—	1500	—
44	Spodiumbarrplatten	2500	8	—	200	—
45	Spodiumwaschmaschine	800	—	—	300	—

Post-Nr.		Gewicht	Einzeln Preis pr. Ctr.		Betrag	
		Pfd.	fl.	kr.	fl.	kr.
46	Spodiumdämpfmaschine	2000	—	—	800	—
47	1 Dämpfer	2000	23	—	460	—
48	4 Vorfilter sammt Sieben	800	30	—	240	—
49	3 schmiedeiserne Verdampf-Pfannen sammt Schlangen und Armatur.	3600	600	—	1800	—
50	3 montirte Montjus	2100	264	—	792	—
51	8 Stück 18' hohe Filter	15200	23	—	3496	—
52	1 einfacher Verdampf-Apparat 7' Durchmesser	—	—	—	4070	—
53	1 kupferner Vacuum mit Doppelboden	—	—	—	3600	—
54	1 Condensation von Kupfer				900	—
55	2 Kühlpfannen	4800	800	—	1600	—
56	2 Klärpfannen	3200	760	—	1520	—
57	2600 Kubikfuß schmiedeiserne Reservoirs	18200	24	—	4368	—
58	Sämmtliche Kupferröhren s. Dampf-, Saft- und Wasserleitung nebst Bodenheizung	13000	108	—	14040	—
59	Messinghähne, Ventile	3500	113	—	3955	—
60	Scheibenkupfer, Kupferbleche zur Ausfütterung	1500	98	—	1470	—
61	Deckrequisiten	—	—	—	190	—
62	Schmiedeiserne Verschraubungen sammt Schrauben...............	2500	50	—	1250	—
63	Extraschrauben	200	90	—	180	—
64	Eiserne Ventile, Ständer u. Stützen.	3500	60	—	2100	—
65	Schlagloth	400	96	—	384	—
66	400 Schützenbach'sche Kästen sammt Sieben pr. Stück.............	—	5	—	2000	—
67	2500 Stück Melisformen	—	1	50	4583	—
68	500 Stück Lomps	—	6	—	1500	—
69	1 Nutschapparat auf 150 Brode...	—	—	—	350	—
70	Blechrinnen unter die Formen......	—	—	—	300	—
71	1 Automat	—	—	—	200	—
72	Eisenhaken und Gängeeisen für sämmtliche Rohrleitungen.........	1500	30	—	450	—
73	Diverse Röhren von Schmiedeisen...				60	—
74	Kupferschmied-, Schlosser- und Schmiedwerkzeuge	—	—	—	300	—
75	Holzkohlen, Borax, Minium, Firniß, Pappendeckel, Kautschuk, Glasröhren zc..................	—	—	—	660	—

Post=Nr.		Ge=wicht Pfd.	Einzeln Preis pr. Ctr. fl. | kr.	Betrag fl. | kr.
76	Maschine zum Abbrehen und Aus=schneiden	—	—	150 | —
77	1 Decimalwage für Zucker........	—	—	75 | —
78	Aufstellungskosten d. Kupferschmiede	—	—	4182 | —
79	dto. Maschinisten und Schmiede	—	—	3000 | —
80	Erste Anschaffung der Preßtücher...	—	—	3000 | —
81	Erste Anschaffung des Spodiums...	—	—	12000 | —
82	Wägen u. Pferde für Fabriksarbeit	—	—	3000 | —
83	Comptoir=Einrichtung.............	—	—	400 | —
84	Endlich nach Umständen der Loca=lität und Arbeit, für Einrichtung einer Gasbeleuchtung, oder Auf=stellung einer Centrifugalmaschine, Einrichtung von Werkstätten für Schlosser, Schmiede, Tischler und chemische u. physikalische Requisiten u. dgl. von einzelnen Umständen abhängende Einrichtungen oder endlich Ankauf des Baugrundes...	—	—	13820 | —
				138200 | —

Aus vorstehender Berechnung erhellt, daß für je einen Centner Rübe Verarbeitung 2 fl. Anlagskapital zu veranschlagen ist. Hieraus folgt: daß um den jährlich wachsenden Mehrbedarf von circa 50,000 Centner Zucker zu decken, 2 Millionen für neue Fabriksanlagen erforder= lich sind, welche für Baumaterial, Maschinen, für Arbeitslohn und Tag= lohn verausgabt werden. *) Will man die ganze Summe in Taglohn durchschnittlich zu 45 kr. auflösen, so entfallen mindestens 8000 Arbei= ter=Familien, welche das ganze Jahr hindurch blos für die fortwährende Steigerung der Consumtion neue Fabriken zu bauen haben, und zwar für einen Zeitraum von mehr als fünfzig Jahren hinaus.

B. Die Fabrikation.

Die Fabrikationskosten sind in nebigem Verzeichnisse nicht blos für eine Fabrik auf 100,000 Centner Rüben, sondern gleichzeitig für eine

---

*) Das bei 50000 Ctr. Zucker dem Lande ersparte Capital macht circa 1 Million im Jahre.

Million Centner Zucker, und für 15 Millionen Zucker als der wahr=scheinliche Bedarf in etwa 50 Jahren berechnet.

Wir haben diese Berechnung hauptsächlich deshalb gemacht, um daraus entlehnen zu können, ob alle Bedürfnisse zu einer so ausgedehn=ten Fabrikation im Lande in hinlänglicher Menge vorhanden sind, und um zu sehen, welche Folgerungen sich daran knüpfen lassen.

E. Produktions=Kosten

für 100.000 Centner Rüben, welche auf weißen Zucker verarbeitet werden.

Post. Nro.		A. auf 100000 Centner Rüben		B. es entfal= len für eine Million Ctr. Zucker	C. auf 15 Millionen Ctr. Zucker entfallen
		fl.	kr.	fl.	fl.
1	Arbeitslohn.........pr. Ctr. kr. 7	11666	40	2333200	34998000
2	Abschreibung an Gebäuden 5% Maschinen 6%	10620	—	2124000	31860000
3	Assecuranz......................	2500	—	500000	7500000
4	Arzt...........................	400	—	80000	1200000
5	Aufbewahrung der Rüben 2 kr.	3333	20	666600	9999000
6	Baumöl, Maschinenschmiere......	435	45	87000	1305000
7	Besen	31	40	6200	93000
8	Blut	220	30	44000	660000
9	Brennstoff.................8 kr.	13333	20	2666600	39999000
10	Buchdrucker=Arbeit.............	80	36	16000	240000
11	Bürstenbinder=Arbeit............	47	—	9400	141000
12	Brunnenmeister................	50	—	10000	150000
13	Buchbinder	65	—	13000	195000
14	Borax.......................	24	15	4800	72000
15	Cement......................	27	15	5400	81000
16	Chemikalien..................	51	—	10200	153000
17	Comptoir=Bedürfnisse..........	217	—	43400	651000
18	Drahtflechter.................	64	30	12800	192000
19	Eisenwaaren und Nägel.........	550	—	110000	1650000
20	Farbstoffe...................	178	—	35600	534000
21	Firniß......................	65	15	13000	195000
22	Flanell.....................	24	15	4800	72000
23	Gehalt der Beamten	5000	—	1000000	15000000
24	Gemeindelasten...............	45	15	9000	135000
25	Glas= und Glaserarbeit.........	128	30	25600	384000
26	Guttapercha.................	85	—	17000	255000
27	Gebäude=Reparatur............	1144	1	228800	3432000
28	Horden, Körbe und Flechten.....	85	15	17000	255000

Post-Nro.		A. auf 100000 Centner Rüben		B. es entfallen für eine Million Ctr. Zucker	C. auf 15 Millionen Ctr. Zucker entfallen
		fl.	kr.	fl.	fl.
29	Holzkohlen......................	253	46	50600	759000
30	Hanf.............................	28	17	5600	84000
31	Hafner...........................	56	12	11200	168000
32	Holzwerkzeuge	60	34	12000	180000
33	Kalk.............................	463	19	92600	1389000
34	Kupfernieten	60	—	12000	180000
35	Knochenkohle.............kr. 4	6666	40	1333200	19998000
36	Leinwanden	450	45	90000	1350000
37	Leder	323	—	64600	969000
38	Leinöl	178	10	35600	534000
39	Leim	40	—	8000	120000
40	Medicamente und Spitaltare....	350	—	70000	1050000
41	Näherinnen	65	48	13000	195000
42	Porto- und Briefmarken.........	415	—	83000	1245000
43	Preßtücher und Säcke............	2800	—	560000	8400000
44	Rübsöl...........................	2010	—	402000	6030000
45	Remuneration und Almosen......	364	—	72800	1092000
46	Reisespesen......................	250	—	50000	750000
47	Rüben...................kr. 30	50000	—	10000000	150000000
48	Seilerarbeit.....................	186	15	37200	558000
49	Salzsäure........................	2400	—	480000	7200000
50	Sattler- und Riemerarbeit.......	335	15	67000	1005000
51	Seife und Fett...................	85	—	17000	255000
52	Schlagloth, Minium und Bleiweiß	315	—	63000	945000
53	Siegellack	24	—	4800	72000
54	Schwefelsäure....................	120	—	24000	360000
55	Spagat und Stricke..............	580	—	116000	1740000
56	Schlosser- und Schmiedearbeit...	567	30	113400	1701000
57	Stempel und Taren...............	335	—	67000	1005000
58	Steuern, sämmtliche k. k., sammt Zuschlägen	1890	—	378000	5670000
59	Steuer für Rübe.........12 kr.	20000	—	4000000	60000000
60	Transport-Frachtspesen..........	3333	20	666600	9999000
61	Verkaufsprovision	5000	—	1000000	15000000
62	Wagner-Arbeiten.................	185	40	37000	555000
63	Wäscherlohn für Fabriks-Wäsche	60	—	12000	180000
64	Zeitungen und Brochuren........	67	—	13400	201000
65	Zinn.............................	81	30	16200	243000
66	Zuckerfässer und Tonnen.........	2436	—	487200	7308000
67	Zuckerpapier.....................	1950	30	390000	5850000
68	Zinsen von fl. 300000...........	18000	—	3600000	54000000
		173260	—	34649400	519741000
	1 Centner...	1	44		

Zusammenstellung nebiger Kosten in Hauptrubriken.

		pr. 100 Pf. Rübe		Post=Nro.
		fl.	kr.	
I.	Rübe....................	—	32	5 unb 47.
II.	Arbeit unb Gehalte........	—	10	1 unb 23.
III.	Brennstoff..................	—	8	9.
IV.	Spodium..................	—	6	35 unb 49.
V.	Rübensteuer..................	—	12	59.
VI.	Material..................	—	6	alle übrigen Nummern fallen
VII.	Régie..................	—	10	auf diese beiden Hauptposten.
VIII.	Abschreibung..................	—	6	2.
IX.	Zinsen unb Provision......	—	14	61 unb 68.
		1	44	

Aus der Zusammenstellung der Kosten ergibt sich, daß der Centner Rübe bis zur vollständigen Gewinnung des darin enthaltenen Zuckers auf 1 fl. 44 kr. nach den heutigen Preisen zu stehen kömmt.

Aus der Summe der Fabrikationskosten von 15 Millionen Centner Zucker, welche fast 520 Millionen Gulden beträgt, ersieht man sogleich, daß die Eroberung irgend einer bedeutenden Colonie unserer Industrie und unserem Handel gewiß nicht so vortheilhaft sein würde, als diese kollosale Eroberung von so nützlicher Arbeit, durch welche mehr als zwei Millionen Menschen fortwährende Beschäftigung finden würden.

Bevor wir über diesen Punkt weitere Betrachtungen anstellen, wollen wir zu den einzelnen wichtigern Factoren der Fabrikationskosten zurückkehren, und dieselben einzeln betrachten.

1. Arbeitslohn und Gehalte.

Die Arbeiter in den Rübenzuckerfabriken bestehen aus Männern, Weibern und Kindern, letztere von 12 bis 15 Jahren, größtentheils der besitzlosen Ackerbaubevölkerung angehörend, welche sich im Sommer zum Rübenbaue und andern Feldarbeiten verdingt.

Diese Menschen sind für die zweckmäßige Bewirthschaftung unserer Ackerbauwirthschaften von außerordentlichem Vortheile, weil letztere ohne jene sie hinreichend im Winter nährende Beschäftigung in den Rübenzuckerfabriken sich nur dann auf dem Lande aufhalten würden, wenn der sie im Sommer dringend benöthigende Oekonomiebesitzer auch im Winter erhält; außerdem würde dieses Proletariat des flachen Landes nach

den Städten ziehen und denselben zur Last fallen. Die Rübenzuckerfabriken übernehmen es somit, diesen nothwendigen Arbeiter dem Oekonomen den Winter über kostenfrei zu erhalten. Der Arbeiter bleibt überdies in steter Uibung seiner Kräfte, und ist nicht genöthigt im Winter
von dem zu leben, was er sich mühsam im Sommer erspart hat.

Die Gehalte, welche an Beamte, Ingenieure und Techniker bezahlt
werden, sind sehr bedeutend in den Rübenzuckerfabriken. Es wird durch
sie der Mittelstand auf dem flachen Lande bedeutend verstärkt. Fast
alle Handwerker erhalten durch sie directen, und somit mittelbar und un-
mittelbar durch die Zuckerfabriken reichlichen Verdienst.

Sie werden durch die Zuckerfabriken nicht nur directe und indirecte
beschäftigt, sondern durch die aus dem Auslande herbeigezogenen oft
sehr theuer bezahlten Techniker unterrichtet, oft mit neuen und vollstän-
digern Werkzeugen versehen, und bilden sich so auf fremde Kosten erst
vollständig aus.

Die aus den Lehranstalten kommenden Techniker werden in den
verschiedensten Fächern praktisch herangebildet.

Brennstoff.

Der Brennstoff bildet eine Hauptrubrik bei der Rübenzuckerfabrikation. Man rechnet in der Regel als Bedarf doppelt so viel Brennstoff, als nöthig ist, um die gewonnenen Rübensäfte auf den Crystalli-
sationspunkt einzudicken; aber auch diese Berechnung ist nicht richtig,
weil die Lage der Fabrik, ihre innere Eintheilung, zweckmäßige Feuerung
und die stets variirende Qualität der Kohle, sowie die Verschiedenheit
der Jahrestemperatur keine ganz genaue Berechnung des Bedarfes
zulassen.

Man nimmt in der Praxis 40 Pfund Steinkohle mittelguter Qualität als den Bedarf für 1 Ctr. Rübe an, und langt in der Regel hiermit für sämmtliche Feuerungen aus. Erzeugt man blos Rohzucker, so
dürften im Durchschnitte 25 Pfund genügen. Wenn daher 15 Millionen Centner Zucker im Lande erzeugt werden sollten, so würde der Bedarf an Steinkohlen sich jährlich auf 100 bis 120 Millionen Centner stellen.

Die Folge eines so bedeutenden Stein- und Braunkohlenbedarfes
würde eine bedeutende Ermäßigung der Kohlenpreise nach
sich ziehen, so wie dies in England der Fall war, wo die Preise in glei-

chem Verhältniffe fielen, als der Verbrauch ftieg. In der That werden
die Kohlenlager in Oefterreich in dem Maße mehr eröffnet und bebaut,
als die Zuckerfabriken fich vermehren. Viele Kohlenlager befonders in
Ungarn dürften erft dann benützt werden, wenn das Eifenbahnnetz
fich auch vollftändig über Ungarn ausgebreitet hat, und wenn die Rübenzuckerfabrikation in jenem Lande allgemeiner wird.

Wenn man freilich manchen norddeutfchen, befonders preußifchen
Schriftftellern Glauben fchenken müßte, fo hätte fich Oefterreich gerade
nicht über einen fo großen Kohlenreichthum zu beklagen. So z. B.
heißt es in einer vergleichenden ftatiftifchen Uiberficht der landwirthfchaft-
lichen Verhältniffe Oefterreichs und des deutfchen Zollvereins von Albert
Kotelmann Berlin 1852 Seite 84:

„Oefterreich ift im Verhältniffe zu feinem Flächenraum nicht befonders mit Steinkohlen gefegnet. Die Centralkette der Alpen ift ohne alle
organifche Uiberrefte. In der im Norden derfelben fich anfchließenden
Schiefer und Uibergangskette find nur unbedeutende Ablagerungen von
Anthracit gefunden worden. In den darauf folgenden mächtigen Kalke
zügen, von denen der eine nördlich, der andere füdlich der Centralkett-
ftreicht, findet fich in Oefterreich unter der Enns in kleinen Mulden von
Sandftein foffiler Brennftoff. Es finden fich Schwarzkohlenbaue an
mehreren Orten. An den nördlichen Kalkzug der Alpen fchließt fich ein
den Gebirgsfaum bildender Sandfteinzug an, welcher zwar Schwarz-
kohlenflötze enthält, die jedoch nur felten mächtig, und oft verworfen,
keinen lohnenden Abbau geftatten. Der von den Julifchen Alpen fich
abtrennende jüngere Kalkzug von Iftrien und Dalmatien fchließt nur in
Iftrien fchwache Steinkohlenlager, dagegen bedeutende Erdharzlager ein.
Das Sandfteingebirge der Karpathen enthält, fo viel bekannt, keine
foffilen Brennftoffe. In einigen Stellen des Banates bei Rawitza
(Oravitza?) und Molbara finden fich gute Steinkohlenlager, doch wie
es fcheint in geringer Ausdehnung. Der zweite Hauptpunkt für Schwarz-
kohle ift in Ungarn die ifolirte Gebirgsgruppe bei Fünfkirchen. Doch
alle diefe Gebirge gehören nicht der eigentlichen Steinkohlenformation
an, wie fie fich in England, Belgien und an andern Punkten des Con-
tinents findet. Ein Theil des böhmifch- mährifchen Gebirges enthält
dagegen Steinkohlenlager, die des Pilfner und Rakonitzer Kreifes find
die reichften der Monarchie. Sie gehören, zwei große und mehrere
kleine Becken ausfüllend, der eigentlichen Steinkohlenformation an. Das

reiche schlesische Steinkohlenlager berührt nur das österreichische Gebiet bei Mähr. Ostrau."

Soweit Herr Kottelmann, wir wollen uns nicht in eine Kritik dieser höchst oberflächlichen und vielleicht absichtlich den österr. Kohlenreichthum so unbedeutend und klein darstellenden Bericht einlassen, sondern mit Thatsachen darauf antworten. In den officiellen Tafeln zur österr. Statistik des Jahres 1843, also vor 14 Jahren waren bereits Kohlenwerke in Thätigkeit nachgewiesen:

Oesterreich unter der Enns . . .	13 — 1,020.743	Ctr.
„ ob der Enns	4 — 125.191	„
Steyermark	23 — 531.871	„
Kärnthen, Krain	9 — 322.069	„
Küstenland	1 — 80.594	„
Tirol	1 — 52.137	„
Böhmen	93 — 4,755.912	„
Mähren, Schlesien	8 — 2,100.611	„
Dalmatien	1 — 103.767	„
Lombardie	1 — 68.146	„
Venedig	2 — 57.891	„
Ungarn	7 — 792.527	„
Summa . . .	163	
Siebenbürgen, Banat, Galizien . .	7 — 2,000.000	„
	170	

Diese 170 Kohlenwerke erzeugten schon damals über 12 Millionen Centner. Die Production mehrte sich dem Bedarfe entsprechend bis zum Jahre 1848 jährlich um eine Million Centner. Vom Jahre 1849—50 an darf man annehmen, daß die jährliche Vermehrung der Production rasch zunehmend auf 2—3 Millionen Centner im Jahre stieg. Und doch sind die meisten dieser Kohlenwerke erst nur Aufschließungsbaue, und viele bereits bekannte Kohlenlager Mangels Transportwege noch ganz unbenützt! — Siebenbürgen, die Banater Gränze, Galizien besitzen ebenfalls bedeutende Kohlenlager, die bis jetzt noch fast ganz unangegriffen liegen, so daß thatsächlich alle Provinzen Oesterreichs mit Kohlen gesegnet sind.

Was den Reichthum unserer Kohlenlager betrifft, so läßt sich hierüber noch nichts Bestimmtes sagen, da der größere Theil derselben noch gar nicht vermessen ist.

Von den bis zum Jahre 1850 vermessenen Steinkohlenlagern wird

3

die Mächtigkeit der Ausbeute in Böhmen allein auf 36 bis 40 Millionen Centner geschätzt.

Noch reicher sind die ganz vorzüglichen Braunkohlenlager, so daß mit Recht angenommen werden kann, Böhmen ist allein im Stande so viel Kohlen zu liefern, als Preußen heute liefert!

Mögen sich daher jene Leute, welche sich berufen glauben, über Oesterreichs national-ökonomischen Zustand Vergleiche anzustellen, etwas genauer erkundigen, damit sie sich nicht lächerlich machen.

Nicht Mangel an Kohlen, die sich in Oesterreich überall vorfinden, sondern Mangel an Bedarf war Ursache an der bisherigen geringen Ausbeute, und die Rübenzuckerindustrie hat bisher sehr viel zum besseren Betriebe und zur Inangriffnahme noch unerschlossener Kohlenlager beigetragen. *)

Wir haben bereits bemerkt, daß bei einer Production von 15 Millionen Centner Zucker (wir müssen uns dieses Quantum stets zum Anhaltspunkte unserer Berechnungen vor Augen halten) 100 bis 120 Millionen Centner Kohlen nöthig wären; welche Menge die böhmischen Kohlenlager allein jährlich zu liefern im Stande sein würden. Bei der so weiten Verbreitung der Kohlen in Oesterreich und bei dem enormen Reichthum an Waldungen (35 Millionen Joch) kann also Mangel an Brennstoff nie ein Hinderniß werden, jenes Zuckerquantum zu erzeugen, sondern es werden dadurch viele neue Kohlenlager erschlossen und abgebaut werden, weil die Zuckerfabriken sich im ganzen Staate verbreiten müßten; und da jedes in Angriff genommene Kohlenlager gewiß weit mehr liefert, als für den Bedarf einer Fabrik, so wird der Uiberfluß wachsen, und bei den vermehrten Communications-Mitteln auf billigere Preise einwirken.

Knochenkohle.

Die Knochenkohle bildet bis jetzt einen unentbehrlichen Artikel für die Zuckerfabrikation überhaupt, insbesondere aber für die Rübenzucker-Fabrikation. Seitdem die Wiederbelebung der Knochenkohle allerorts eingeführt wurde, hat sich der Bedarf wesentlich gemindert, und es ge-

---

*) In dem Handbuche der Statistik von Jos. Hain ist Seite 218 der bis jetzt vermessene Steinkohlen-Reichthum von Böhmen, Oesterreich und Steiermark auf 700 Millionen Centner angegeben, und zwar blos von 5 Lagern.

nügt die Anschaffung von 1% des Rüben-Quantums jährlich als Ersatz, das ist: Wer das nöthige Quantum von Spodium besitzt, benöthigt, wenn er jährlich 100.000 Centner Rüben verarbeitet, etwa 1000 Cent. Spodium als Ersatz für das, was bei der Wiederbelebung verloren geht. Da nun für 1000 Centner Spodium 2500 Centner rohe Knochen nöthig sind, so würde sich der Bedarf an Knochen, ohne die jedesmalige erste Anschaffung bei Beginn einer neuen Fabrik, für 15 Millionen Centner Zucker auf 7½ Millionen Centner Knochen, und einschließlich der ersten Anschaffung im Durchschnitte jährlich auf 8 Millionen Centner Knochen stellen, wenn bis dahin der stets rege Erfindungsgeist nicht ein Surrogat für das Spodium, oder eine Entfärbungsmethode ohne Anwendung von Knochenkohle ausfindig gemacht hat.

Die Fleischconsumtion beträgt gegenwärtig

in der Rheinprovinz 85 Pf. pr. Kopf,

" Brandenburg 98 " "

" England 120 " "

und es ist mit Sicherheit anzunehmen, daß auch in Oesterreich die Fleischconsumtion von Jahr zu Jahr zunehmen und sich in ein günstige= res Verhältniß zur Mehlconsumtion stellen wird. Nehmen wir daher an, daß bis zu jener Zeit die Fleischconsumtion sich so hoch als dermalen in der Provinz Brandenburg hebt und 98 Pf. pr. Kopf im Jahre be= trägt, so würden, rechnet man nur ⅛ Pf. Knochen auf 1 Pf. Fleisch, somit 12½ Pf. pr. Kopf, bei 60 Millionen Consumenten schon 7½ Millionen Centner Knochen entfallen.

Allerdings finden die Knochen sowohl in den technischen Gewerben als auch bei der Landwirthschaft täglich mehr Verwendung; dagegen sind in obiger Berechnung nicht mit einbezogen:

a) die Knochen der gefallenen Pferde und vertilgten kranken Thiere,

b) die Knochen des verzehrten und gefallenen Wildes,

c) die Knochen des kleinen Stechviehes und des gesammten Geflügels.

Wenn gleich angenommen werden darf, daß der Preis der Knochen bedeutend höher gehen wird, so wie es dermalen schon in Frankreich und im Zollvereine der Fall ist, so muß man andererseits berücksichtigen, daß der Preis der Knochen dadurch begränzt ist, daß bei den sich täglich ver= mehrenden Communicationsmitteln dieser Artikel endlich aus jenen Ländern bezogen werden kann, wo er gar keinen Werth hat. *) Wir dürfen daher

---

*) Wie z. B. dermalen in den Donaufürstenthümern, Südamerika.

mit Zuversicht annehmen, daß der Preis der Knochen, auf einer gewissen Höhe angelangt, die Speculation rege machen und uns Knochen oder fertiges Spodium aus großen Entfernungen zuführen wird.

Die übrigen Bedürfnisse zur Zuckerfabrikation sind nicht so bedeutend, als daß selbst bei dem ausgedehntesten Betriebe dieselben nicht im Lande selbst beizuschaffen wären, wohl aber sind sie derart, daß sie eine sehr große Anzahl von Gewerben reichlich zu beschäftigen im Stande sind.

Wir haben es nun noch mit dem Hauptfactor dieser Industrie, mit der Rübe selbst zu thun.

Die Rübe.

Wir haben unseren Berechnungen bisher den Bedarf von 20 Zentner Rübe für einen Zentner Zucker zu Grunde gelegt, und dies, wie sich zeigen wird, mit Recht. Die Ansichten über die Resultate der Rübenzuckergewinnung und über den resultirenden Gewinn sind oft so verworren, so irrig und ganz falsch, daß es nöthig ist in die Details einzugehen, um die verbreiteten irrigen oder ganz falschen Ansichten aufzuhellen.

Der Zuckergehalt in den Rüben ist so verschieden, daß derselbe von fast Null bis zu 12% des absoluten Rübengewichtes wechselt; auch kömmt es nicht blos darauf an, wie viel Zucker in der Rübe enthalten, sondern wie viel daraus gewonnen wird.

Die beifolgende Tabelle liefert eine Ubersicht des Gehaltes der Rüben von 5° bis 10° Beaumé bei verschiedenen Preßresultaten. Zur Verständigung für Jene, welche keine speciellen nähern Kenntnisse der Rübenzuckerindustrie besitzen, wird die Erklärung nöthig sein, daß die Resultate der Pressung nicht blos von den mechanischen Einrichtungen allein abhängen, sondern auch von der Qualität der Rübe. Je zuckerreicher die Rübe, je zarter das Fleisch, desto weniger Rückstand; je geringhaltiger die Rübe, destomehr Faserstoff bleibt zurück. Es ist gerade wie bei gutem und saftreichem Obst und bei ordinärem.

F. Zur Bestimmung der Zuckermasse von verschiedengrädigen Rüben bei einer bestimmten Pressung.

Wenn der Saft der Rübe zeigt Beaumé (Grad)	100 Pfd. dieses Saftes geben Zucker-Massa Pfund	Wenn von 100 Pfund Rüben ausgepreßt werden Pfund Säfte												
		70	71	72	73	74	75	76	77	78	79	80	81	82
		so entfällt an Zucker-Massa, b. i. Zucker und Melasse zusammen, Pfund												
5	9	6·30	6·39	6·48	6·57	6·66	6·75	6·84	6·93	7·02	7·11	7·20	7·29	7·38
5¼	9·45	6·61	6·70	6·80	6·90	6·99	7·09	7·18	7·28	7·37	7·46	7·56	7·65	7·75
5½	9·90	6·93	7·02	7·12	7·22	7·32	7·42	7·52	7·62	7·72	7·82	7·92	8·02	8·11
5¾	10·35	7·24	7·34	7·45	7·55	7·65	7·76	7·86	7·97	8·07	8·17	8·28	8·38	8·48
6	10·80	7·56	7·66	7·77	7·88	7·99	8·10	8·20	8·31	8·42	8·53	8·64	8·74	8·85
6¼	11·25	7·87	7·98	8·10	8·21	8·32	8·43	8·55	8·66	8·77	8·88	9·00	9·11	9·22
6½	11·70	8·19	8·30	8·42	8·54	8·65	8·77	8·89	8·98	9·12	9·24	9·36	9·47	9·59
6¾	12·15	8·50	8·62	8·74	8·86	8·99	9·11	9·23	9·35	9·47	9·59	9·72	9·84	9·96
7	12·60	8·82	8·94	9·06	9·19	9·32	9·45	9·57	9·70	9·82	9·95	10·08	10·20	10·33
7¼	13·05	9·13	9·26	9·38	9·52	9·65	9·78	9·91	10·04	10·17	10·30	10·44	10·57	10·70
7½	13·50	9·45	9·58	9·70	9·85	9·99	10·12	10·26	10·39	10·52	10·66	10·80	10·93	11·07
7¾	13·95	9·76	9·90	10·02	10·18	10·32	10·46	10·60	10·74	10·87	11·01	11·16	11·29	11·44
8	14·40	10·08	10·22	10·34	10·51	10·65	10·80	10·94	11·08	11·23	11·37	11·52	11·66	11·81
8¼	14·85	10·39	10·54	10·66	10·84	10·99	11·13	11·28	11·43	11·58	11·72	11·88	12·02	12·18
8½	15·30	10·71	10·86	10·98	11·16	11·32	11·47	11·62	11·78	11·93	12·08	12·24	12·39	12·55
8¾	15·75	11·02	11·18	11·34	11·49	11·65	11·81	11·96	12·12	12·28	12·43	12·60	12·75	12·92
9	16·20	11·34	11·50	11·66	11·82	11·99	12·14	12·31	12·47	12·63	12·79	12·96	13·12	13·29
9¼	16·65	11·65	11·82	11·98	12·15	12·32	12·48	12·65	12·82	12·98	13·14	13·32	13·48	13·66
9½	17·10	11·97	12·14	12·30	12·48	12·65	12·82	12·99	13·16	13·33	13·50	13·68	13·84	14·03
9¾	17·55	12·28	12·46	12·64	12·81	12·99	13·15	13·33	13·51	13·68	13·85	14·04	14·21	14·40
10	18	12·60	12·78	12·96	13·14	13·32	13·50	13·68	13·86	14·04	14·22	14·40	14·58	14·76

Anmerkung. Ein von den Chemikern fast allgemein angenommener Grundsatz, welchem bis jetzt auch die Erfahrung im Allgemeinen nicht widersprochen hat, will: daß die Fähigkeit der Sättigung des Wassers für die Salze unter derselben Temperatur fast beständig sei, und daß die Sättigung des Wassers für ein Salz seine Sättigungsfähigkeit für ein anderes nicht ändere.

Dieser auf die Untersuchung der Zuckersäfte und Syrupe angewandte Grundsatz hat Folgen, welche für die Verarbeitung der Zuckerstoffe im Allgemeinen von großer Wichtigkeit sind.

Taucht man den Areometer (von Beaumé) in eine aus e i n e m Gewichtstheil Wasser und zwei Gewichtstheilen reinen Zucker bestehende Lösung, so wird er sich bei der gewöhnlichen Temperatur von 13—14° R. bis auf 36° einsenken, was einer Dichtigkeit von 1324 — entspricht. Diese Lösung ist bei 13—14° R. vollständig ge= sättigt und löst ohne Erhöhung der Temperatur keinen Zucker mehr auf.

Wird diese Lösung jedoch einer erhöhten Temperatur ausgesetzt, so wird man bis zum Siedepunkt des Zuckers von 111¼ Cent. am offenen Feuer, unter Voraussetzung, daß ein Wasserverlust nicht stattfindet, gerade noch **ein und einhalbmal** so viel Zucker auflösen können.

Überläßt man diese vollständige höchste Sättigung einer freien Abkühlung, so wird der Zucker krystallisiren, und ist die Krystallisation vollkommen, so wird man finden, daß der herauskrystallisirte Zucker gerade jene Menge ist, welche nach der bei 14° R. bewirkten Sättigung noch zugesetzt wurde, und daß die ursprüngliche Lösung bei 14° R. nur als Mutterlauge sich ausscheidet und als sogenannter Grünsyrup zurückbleibt.

Angenommen, man habe z. B. 66⅔ Pfd. Zucker in 33⅓ Pfd. Wasser bei 14° R. gelöst, und somit 100 Pfd. 36gradiger Syrup erhalten, so wird dieser Syrup keinen Zucker mehr lösen können, ohne daß die Lösung einer erhöhten Temperatur ausgesetzt wird. Der noch hinzugegebene Zucker würde ungelöst zu Boden fallen.

Wenn jedoch diese Zuckerlösung nun bis zum Siedepunkt des Zuckers erwärmt wird, so wird man noch 1½mal so viel Zucker, das ist 66⅔ + 33⅓ = 100 Pfd. in dieser ursprünglichen Lösung auflösen können.

Wird nun diese Gesammtmenge von 200 Pfd. zur Abkühlung und Krystallisation gebracht, so scheiden die später zugesetzten 100 Pfd. Zucker wieder aus, während die übrigen 100 Pfd. der Lösung, wenn kein Wasserverlust stattfinden würde, als Mutter= lauge — Grün-Syrup — zurückbleiben, und man hat von dem aufgelösten Zucker 66⅔ Pfd. + 100 Pfd. = 166⅔ Pfd. — 100 Pfd. durch die Kochung wieder er= halten, was gerade 60 Procent beträgt.

Die Zuckermassa, wo selbe in der Tabelle F erwähnt ist, besteht sonach in der Regel aus ⅔ weißem Zucker und ⅓ Melasse, in welch' letzterer allerdings durch noch= maliges Kochen und langsame Krystallisation noch Zucker ausgeschieden wird.

Durch das Kochen des Zuckers, sei es im luftverdünnten Raume oder beim offenen Feuer, wird also nichts anderes bezweckt, als die Entfernung des Wassers in dem an= gegebenen normalen Verhältnisse; wird zu wenig Wasser entfernt, so pflegt man zu sagen, der Sud sei leicht; wird zu viel Wasser entfernt, so sagt man, der Sud sei schwer gehalten. Den richtigen Moment zu treffen, erfordert allerdings große Übung und Aufmerksamkeit.

In der Regel ist man in den Fabriken sehr zufrieden, wenn 79 bis 80% Saft ausgepreßt werden; 81 und 82% gehört schon zu den Seltenheiten, und ist nur in besonders guten Jahren, bei guten Rüben und vorzüglichen Pressen zu erreichen.

Der Werth der Rüben nach ihrer verschiedenen Grabhältigkeit ist auch sehr wesentlich verschieden, indem bei geringhältigen Rüben sich nicht nur alle Fabrikationskosten gleich bleiben, sondern viele sogar steigern; z. B. Brennstoff, Steuer ꝛc. ꝛc.

Mit Berücksichtigung der gegenwärtigen Verhältnisse läßt sich die Rübe daher wie folgt tarxiren, wenn sie zur Zuckerfabrikation bestimmt ist:

5°dige = 0 oder 1 kr. pr. Ctr.
5¼ " 5 " "
5½ " 9 " "
5¾ " 13 " "
6 " 17 " "
6¼ " 21 " "
6½ " 24 " "
6¾ " 27 " "
7 " 30 " "
7¼ " 33 " "
7½ " 36 " "
7¾ " 39 " "
8 " 42 " "
8¼ " 45 " "
8½ " 48 " "
8¾ " 51 " "
9 " 54 " "
9¼ " 57 " "
9½ " 1 fl. 1 " "
9¾ " 1 " 5 " "
10 " 1 " 10 " "

Wenn z. B. 5°dige Rübe Tab. G 4⁴¹/₁₀₀ Pfund Zucker gibt, so entfallen 50% 1tes Product 2/₂₀ à fl. 37 fl. — 48 kr.

30 " 2. u. 3. " 1/₃₂ " 32 " — 25 "

20 " Melasse 0/₈₈ " 1⅚ " — 1 "
—————— ——————
4/₄₀ fl. 1 14 kr.

Fabrikations-Spesen " 1 14 "
——————
bleibt für Rübe " "

Wenn die Rübe 7° hat = $7^6/_{100}$

50%	I. Produkt	$3,_{53}$	à fl. 37	fl. 1	18	kr.
30 „	II. u. III.	$2,_{12}$	„ 32	„	40	„
20 „	Melasse	$1,_{41}$	„ $1^5/_6$	„	2	„
		$7^6/_{100}$		fl. 2	0	kr.
	Ab Fabrikations-Spesen			„ 1	14	„
				fl. —	46	kr.

Rübe 32 kr., bleibt Gewinn 14 kr.

Wenn die Rübe 10° hätte = $10,_8$ Zucker

50%	I. Produkt	$5,_{40}$	à fl. 37	fl. 1	59	kr.
30 „	II. u. III.	$3,_{24}$	„ 32	„ 1	2	„
20 „	Melasse	$2,_{16}$	„ $1^5/_6$	„	2	„
		$10,_8$		fl. 3	3	kr.
	Ab Fabrikations-Spesen			„ 1	14	„
				fl. 1	49	kr.

Rübe 1 fl. 10 kr., Gewinn 39 kr.

Hieraus ergibt sich, daß zu gleicher Zeit, bei gleichem Kapitalaufwande, gleicher Intelligenz und bei gleicher Einrichtung eine Fabrik, welche nur niedergrädige Rüben erhalten kann, zu Grunde gehen muß, während eine andere zu gleicher Zeit einen sehr ansehnlichen Gewinn haben wird. Bis jetzt dürfte es in Oesterreich noch keine einzige Fabrik dahin gebracht haben, durchgängig 8°bige Rüben zu verarbeiten, und unsere kleinen Oekonomen und Bauern verlangen für 5—6°bige Rübe eben so viel als für 7—8°bige, nämlich 36 bis 39 kr. Wer sich seine Rüben nicht selbst baut und nicht einen besonders guten und geeigneten Boden bei günstiger Lage hat, wird überhaupt noch lange nicht auf 8°, geschweige denn erst auf 9 oder 10° im Durchschnitte rechnen können. Sicher stellt sich jedoch der Satz heraus: „Daß das Glück und Gedeihen der inländischen Zuckerfabriken einzig und allein von dem Fortschritte unserer Landwirthschaft abhängt."

Aus der Tabelle G ist ferner zu entnehmen, daß bei $5\frac{1}{2}$°biger Rübe zur Erzeugung von 15 Millionen Centner Zucker 100 O.-Meilen nöthig wären, während bei Erzeugung von durchgängig 10°biger Rübe nicht einmal mehr 50 O.-Meilen nöthig sind.

G. Bedarf an Area für eine gegebene Anzahl von Centnern Zucker.

Grabhaltigkeit der Rübe nach Beaumé	Saftpressung von 100 Pfund Rübe 80%, bemnach Zucker	Pfund Rübe	für 15 Ctr. Zucker	für 15 Millionen Centner	Pfund	fl.	kr.
5	4·41	2268	1·138	1138000	100	—	1
5¼	4·69	2132	1·066	1066000	„	—	5
5½	5	2000	1·000	1000000	„	—	9
5¾	5·29	1890	0·945	945000	„	—	13
6	5·60	1788	0·894	894000	„	—	17
6¼	5·90	1695	0 848	848000	„	—	21
6½	6·23	1605	0·803	803000	„	—	24
6¾	6·46	1548	0·774	774000	„	—	27
7	7·6	1417	0·709	709000	„	—	30
7¼	7·31	1368	0·684	684000	„	—	33
7½	7·56	1323	0·662	662000	„	—	36
7¾	7·82	1279	0·639	639000	„	—	39
8	8·07	1240	0·620	620000	„	—	42
8¼	8·32	1202	0·601	601000	„	—	45
8½	8·57	1167	0·584	584000	„	—	48
8¾	8·82	1134	0·567	567000	„	—	51
9	9·07	1103	0·552	552000	„	—	54
9¼	9·32	1073	0·537	537000	„	—	57
9½	9·57	1045	0·523	523000	„	1	1
9¾	9·92	1009	0·505	505000	„	1	5
10	10·8	993	0·497	497000	„	1	10

Eben so würde bei einer so hochgrädigen Rübe nicht nur viel Brennstoff erspart werden können, sondern das Product würde leicht eine höhere Steuer ertragen können, während bei siebengrädigen Rüben die gegenwärtige Steuer selbst kaum noch zu erschwingen ist.

Durch diese nicht zu läugnenden Thatsachen wird es erklärlich, warum sich die Rübenzucker-Fabriken in Oesterreich nicht einmal in dem Maße mehren, um die jährliche Mehrconsumtion zu decken. Der Fabrikant ist größtentheils gezwungen auch Oekonom zu werden, um seine Rüben selbst zu bauen. Die Anlage der Fabrik, der Betrieb und die

Pachtungen ober der Betrieb der Oekonomien nehmen somit ein Kapital von fast einer halben Million in Anspruch, wenn 100.000 Centner Rüben in eigener Regie aufgebracht und dabei keine fremden Gelder und kein Credit in Anspruch genommen werden soll. Möchten daher alle jene, welche beständig von einem fabelhaften Gewinn der Rübenzuckerfabrikanten sprechen, mit ruhiger Uiberlegung und richtiger Auffassung der hier der Wahrheit ganz getreu geschilderten Verhältnisse sich fragen, ob sie im Besitze einer halben Million sich einer von so vielen Umständen und Zufällen abhängenden Industrie widmen würden! Allerdings sind dem umsichtigen und thätigen Fabrikanten die Mittel so wie dem Kaufmanne geboten, das ihm fehlende Capital durch Credit zu ersetzen. Es treten jedoch oft Epochen ein, wo fühlbarer Geldmangel entsteht und der Credit sehr eingeschränkt wird. Der Kaufmann läßt in solchen Epochen die Speculation ruhen und wartet die Krisis ruhig ab. Der Rübenzuckerfabrikant kann dies nicht thun, die Rüben müssen schnell verarbeitet werden; der Rüben- und Getreidebau leidet keinen Aufschub, und der Fabrikant mag dann sehen, woher er Geld bekommt. Wir haben bereits mehrfache Beispiele, daß in solchen kritischen Momenten die best situirten Fabriken ihren Betrieb einstellen mußten, da sie das nöthige Capital nicht aufbringen oder die geforderten enormen Zinsen nicht erschwingen konnten.

Es gehört erst eine Reihe von glücklich durchgemachten Betriebsjahren dazu, um fest auf eigenen Füßen stehend die günstigen Conjuncturen benützen zu können.

Das gewonnene Capital wird aber dann in der Regel dazu benützt, neue Ackergüter zu pachten und zu erwerben, welche sodann oft mit einem verhältnißmäßig sehr großen Betriebscapital dotirt, sogleich der verbesserten Cultur unterzogen werden. Der ganze Gewinn, welchen die Rübenzuckerfabrikanten erzielen, kommt fast ausschließlich der Verbesserung der Ackerbaugründe zu gut und ist somit von den segenreichsten Wirkungen.

Wir sehen jedoch hieraus, daß die Verbreitung des Rübenbaues das einfachste, sicherste und am meisten praktische Mittel ist, überall eine bessere Cultur einzuführen. Nur dort, wo der Rübenbau zum Behufe der Zuckerfabrikation unternommen wird, ist es möglich, mit so bedeutendem Capitalaufwande die nöthigen Reformen in Angriff zu nehmen und mit Kraft durchzuführen. Wir sehen dies nicht blos hier, sondern allenthalben, wo in Europa Rübenbau Behufs der Zuckerfabrikation betrieben wird.

Ist irgendwo einmal der Rübenbau eingeführt und ist man an denselben gewohnt, so wird er nicht leicht wieder aufgegeben, weil man ein-
sehen gelernt hat, daß er das einzige Mittel ist, die zur Erzeugung des
Düngers nöthige Menge Vieh halten zu können; er wird daher auch
ohne Zuckerfabrik sich erhalten.

Eine Berechnung über die Fortschritte des Ackerbaues in Großbri-
tannien bis zum Jahre 1831, aus dem Edinburgh Review übersetzt im
Ausland 1836 Nr. 85, welche wir hier anführen, wird den Beweis zur
obigen Behauptung liefern:

„Die Bevölkerung von England, Wales und Schottland betrug im
Jahre 1755 ungefähr 7½ Millionen, im Jahre 1831 16½ Millionen,
sie stieg also um 220 Percent! Herr Ch. Smith, der Verfasser der Ab-
handlung über die Korngesetze, schätzt den Verbrauch an Getreide im
Jahre 1760, mit Einschluß der Saat nach Abzug der Einfuhr, auf
15,349.921 Quarters (1 Quarter = 4$^{73}/_{100}$ W. Metzen). Nun ist seit
den letzten 4 Jahren fast kein fremdes Getreide eingeführt worden, wor-
aus man schließen muß, daß die 9 Millionen, um welche sich die Bevölkerung seit dem Jahre 1760 vermehrte, ausschließlich nur der Verbesserung und Ausdehnung des Ackerbaues im Lande selbst ihren Unter-
halt verdanken, wobei wir nur die Einfuhr von Irland von 2,500.000
bis 2,600.000 Quarters Getreide jeder Art, worunter 1,600.000 bis
1,800.000 Quarters Hafer, in Abzug bringen müssen.“

Von den 6 Millionen Einwohnern, die nach Ch. Smith im Jahre
1760 in England und Wales lebten, nährten sich nach seiner Berechnung
888.000 von Roggen; gegenwärtig sind gewiß keine 50.000 mehr übrig,
die von Roggen leben.

Weizen ist jetzt fast durchgängig das Brodkorn in England, und
selbst die geringern Sorten Weizenbrod werden nur von den allerärmsten
Classen gegessen. So groß indessen diese Veränderung in den letzten
dreißig oder vierzig Jahren in England war, so ist sie doch unbedeutend
im Vergleich mit dem, was in Schottland vorging.

In den achtziger Jahren war in Pächterwohnungen, Dörfern und
kleinen Städten gar kein, und selbst in den größern Städten nur sehr
wenig Waizenbrod zu sehen; Hafer und Gerstenkuchen waren im allgemeinen Gebrauch. Jetzt ist es völlig anders; die obern, und selbst die
mittleren und untern Classen in Städten und Dörfern essen nur Weizenbrod, und selbst die Landleute verbrauchen viel. Im Jahre 1727 war
ein Weizenfeld von 8 Acres in der Nähe von Edinburgh eine solche

Merkwürdigkeit, daß es die Verwunderung der ganzen Nachbarschaft
erregte und viele weit herkamen, um es zu sehen; kurz man kann ohne
Übertreibung behaupten, daß sich der Waizenbau seit 1780 in Schottland um das Zehnfache vermehrt hat.

Noch größer ist die Veränderung, welche in dem letzten Jahrhundert
im Fleischverbrauche eintrat. Die Quantität hat sich ungeheuer vermehrt, und die Qualität wesentlich verbessert. Von 1740 bis 1750
blieb sich die Bevölkerung Londons so ziemlich gleich, nämlich etwa 670.000.
Während dieser Periode wurden im Durchschnitte jährlich 74.000 Stück
Hornvieh und 570.000 Schafe auf dem Markte von Smithfield verkauft. Im Jahre 1831 war die Bevölkerung auf 1,472.000 oder etwa
218 % gestiegen, und in den Jahren 1829—31 wurden im Durchschnitt
jährlich 156.000 Stück Hornvieh und 1,238.000 Stück Schafe verkauft, eine Vermehrung von 214 % an Hornvieh und 217 % an den
Schafen, verglichen mit der in den Jahren 1740—50 verkauften Menge.
Die Zahl der in London verzehrten Stücke Hornvieh ist also in demselben Verhältnisse wie die Bevölkerung gestiegen; aber das Gewicht
derselben hat sich mehr als verdoppelt. In der ersten Hälfte des vorigen
Jahrhunderts wog das zu Smithfield verkaufte Hornvieh im Durchschnitte nicht über 370 Pf., die Schafe nicht über 28 Pf., die Kälber
nicht über 50 Pf., die Lämmer nicht über 18 Pf., während jetzt das
durchschnittliche Gewicht des Hornviehes auf 800 Pf., das der Schafe
auf 80 Pf., der Kälber auf 140 Pf., der Lämmer auf 50 Pf. geschätzt
wird. So kann man nach einer sehr mäßigen Berechnung behaupten,
daß jetzt verhältnißmäßig in London doppelt so viel Fleisch *) verbraucht
wird, als in der Mitte des vorigen Jahrhunderts. In den meisten
übrigen Theilen des Landes stieg der Verbrauch noch viel mehr. In den
dünn bevölkerten Ackerbaudistricten wird wenig verbraucht, aber in den
Manufactur und Handelsstädten ist es ganz der umgekehrte Fall, und
ihr ungeheures Steigen in dem letzten halben Jahrhundert berechtigt zu
dem Schlusse, daß auch zum mindesten eine verhältnißmäßige Vermehrung
des Fleischverbrauches eintrat.

Im Jahre 1760 verzehrten ferner die Pferde in England jährlich
nur 2,400.000 Quarter Hafer, jetzt verzehren sie über 10 Millionen
Quarter. Eine der Hauptursachen dieser Fortschritte sind wohl die
Gemeinbetheilungen (enclosures).

---

*) pr. Kopf.

Man kann vielleicht die ganze Masse des seit 1760 eingehegten und getheilten Landes auf 600.000 Acres (1 Acre = 1127½ □. R.) anschlagen, und ohne Uibertreibung die Behauptung aufstellen, daß in Folge dieser Einhegung die Production dieser ungeheuren Strecke Landes acht bis zehnfach vermehrt wurde! Die Einführung des Futterbaues statt der Brache war der größte aller Fort- schritte, die je im Ackerbaue gemacht wurden, und hat darin eine so große und wohlthätige Revolution hervorgebracht, als die Erfindung der Dampf- und der Spinnmaschinen bei den Manufacturen. Es ist genügend erwiesen, daß der Bau von Rüben auf ganzen Feldern schon in der zweiten Hälfte des siebzehnten Jahrhunderts in mehreren Grafschaften England's betrieben wurde. Aber dieser Gebrauch ver- breitete sich nur sehr allmälig, und seine ausgezeichnete Wichtigkeit wurde erst allgemein bekannt, als dieser Anbau in der Grafschaft Nor- folk unter Georg dem I. und II. von einigen reichen Güterbesitzern in großem Maßstabe betrieben wurde. Damals bestand der ganze nord- westliche Theil dieser Grafschaft, welche lange einer der bestangebauten Districte des Landes war, aus bloßen Sandwüsten, Schaftriften und Fasanerien, welche wenig oder gar keinen Werth hatten. Diese wurden in sehr productives Ackerland umgewandelt, indem man sie einhegte, mit Mergel düngte und den Rübenbau einführte, der so zu sagen den Eckstein der Norfolk'schen oder verbesserten Landwirthschaft bildete. Dasselbe Verfahren, das in Norfolk einen so glänzenden Erfolg gehabt und aus sandigen Wüsten die üppigsten Getreide- und Gerstenfelder ge- schaffen hatte, dehnte sich allmählig auf viele andere Theile des Reiches aus, und trug gleiche Früchte. Der Kornertrag in den leichten Bodenarten wurde dadurch in allen den mäßig gut angebauten Distric- ten des Reichs mehr als verdreifacht, während zugleich eine un- geheure Menge grünen Futters für Hornvieh und Schafe gewonnen, ein höchst werthvoller Dünger erzeugt wurde, so daß in Allem, was die Zucht von Hornvieh, Schafen, Pferden und Schweinen betrifft, die Engländer gegenwärtig den Schotten und allen andern Völkern über- legen sind.

So rasch aber auch in England und Wales seit Ende des vorigen Jahrhunderts der Forschritt im Ackerbau war; so kann man ihn doch in Vergleich mit den Fortschritten in Schottland nur langsam nennen. Vor dem Pariser Frieden im Jahre 1763 war der Ackerbau in diesem Lande in dem rohesten und gedrücktesten Zustande, den man sich nur denken kann. Es bestand kein regelmäßiger Fruchtwechsel, selbst Brache war unbekannt, eine oder zwei Grafschaften ausgenommen; der Betrieb und die Werkzeuge waren gleich elend; jedes Frühjahr kam eine Menge Vieh um; die Landbesitzer (Occupiers) waren in größter Armuth; Hungersnoth war nicht selten, und verheerte manchmal weite Landstriche. Dawson war der erste, der nicht lange nach 1760 anfing, mit Pferden neben einander und ohne Treiber zu pflügen; der Pflug mit 4 Pferden blieb bis zum Jahre 1780, selbst in den Lothians, in ziemlich allgemeinem Gebrauch, und nur der von Small im Jahre 1770 wesentlich verbesserte Pflug bahnte zu der wichtigsten Umänderung, zwei statt vier Pferde an den Pflug zu spannen, erst recht den Weg.

Während alle diese Umänderungen vor sich gingen, blieben die Getreidepreise von 1760—1795 beinahe stationär. Die Bevölkerung aber stieg um 2,200.000 Menschen. Dies würde den entschiedenen Beweis liefern, daß wachsende Kornpreise keineswegs nöthig sind, um einen fortdauernden raschen Fortschritt des Ackerbaues zu sichern, wäre dieser Satz auch nicht durch die Erfahrung der letzten 20 Jahre bestätigt. Nothwendig für den Fortschritt ist nur ein regelmäßig steigender Begehr der Bodenerzeugnisse, und dieser steigende Begehr entstand durch die wachsende Bevölkerung.

Der Einfluß der neuen Straßen und verbesserten Communicationen während der ersten 25 Jahre der Regierung Georgs III. war nicht gering. Aber während der letzten Jahre ist eine noch erstaunenswerthere Aenderung eingetreten. Die Anwendung des Dampfes auf die Schifffahrt, hat dieser die Schnelligkeit und fast auch Sicherheit einer Postchaise gegeben, und Dampfboote zum Transport schwerer Artikel finden sich jetzt allenthalben an der Küste.

Die Märkte von London und Liverpool werden somit den entferntesten Gegenden näher gerückt. Früher brachten die schottischen Pächter halb gemästetes Rindvieh und Schafe auf die Märkte von Norfolk, wo sie von Viehzüchtern aufgekauft und für den Markt von London gemästet wurden. Dieser Gebrauch hat schon sehr abgenommen, und wird bald ganz aufhören, denn das Vieh wird jetzt in Schottland selbst gefüttert, und von den östlichen Häfen aus, lebendig oder geschlachtet, auf Dampfschiffen nach London gesendet. Die Vortheile hievon sind sehr groß. Der Rübenbau erhielt dadurch einen neuen sehr großen Werth und bereitet sich deßhalb ungemein aus; auch kostet es nicht den vierten Theil, das vollständig gemästete Vieh nach London, als früher das halb-

gemäſtete nach Norfolk zu ſenden. Alle irgend bedeutenden Häfen an
der Weſtküſte Schottlands werden jetzt faſt wöchentlich von Liverpool
aus mit Dampfbooten beſucht, und der Einfluß dieſes neu eröffneten
Verkehrs war ſo groß, daß nach glaubhaften Nachrichten von der Mün-
dung des Clyde bis herab nach Cumberland zwei bis drei deutſche
Meilen landeinwärts der Rübenbau ſeit dem Jahre 1820 *) um's Zehnfache ſtieg.

Die Anlegung von Eiſenbahnen wird dies noch ſehr vermehren.
Die große Nähe des Marktes wird dadurch allmählig vergleichungsweiſe
von geringer Wichtigkeit. In nicht ſehr ferner Zeit wird es möglich
ſein, die entlegenſten Diſtricte in Concurrenz mit denen, die am günſtig-
ſten gelegen ſind, zu bringen. Die erzeugende Kraft von beiden wird
dadurch vollſtändiger entwickelt werden, und es iſt nicht möglich abzu-
ſehen, welche Reſultate dies haben wird.

Trotz alledem, was bereits geſchehen iſt, liegt noch ein weites Feld
der Verbeſſerungen vor Augen. Sehr angeſehene, mit dem Zuſtande des
Ackerbaues genau bekannte Leute ſind der Anſicht, daß ſich der Roh-
ertrag Englands noch verdoppeln laſſe, ohne verhältnißmäßig größere
Erzeugungskoſten. Wer irgend das Land durchreiſt und den Zuſtand
der Lothians, Northumberlands, Norfolks und anderer gut bewirth-
ſchafteten Grafſchaften mit den ausgedehnten Diſtricten im Süden und
Weſten Englands und mit Wales vergleicht, der wird ſich leicht über-
zeugen, daß die obige Behauptung keineswegs übertrieben iſt."

Der vorſtehende Aufſatz aus der Feder eines in England in Bezug
auf praktiſche Oekonomie gefeierten Mannes braucht keinen Commentar.
Die Verbreitung des Rübenbaues hat Außerordentliches bewirkt!

Ein engliſches Journal **) berechnet, daß ½ Acre (⅓ öſterr. Joch)
jährlich einen Menſchen und 1 Acre ein Pferd ernähren könne, daß
mithin auf der Fläche der 3 Königreiche von 74 Millionen Acres unter
Beibehaltung des beſtehenden Verhältniſſes 120 Millionen Menſchen
und 14 Millionen Pferde leben könnten. Dies macht auf die geographiſche
☐ Meile ſogar 22.000 Menſchen und 2560 Pferde. Wir halten dies
jedenfalls für zu hoch gegriffen, und wenn wir ſogar 50 % davon annehmen, nämlich 10—12.000 Menſchen, ſo liefert dies den Beweis,

---

*) Man muß vor Augen behalten, daß dieſer Aufſatz ſchon im Jahre 1831 in Lon-
don erſchien.

**) Edinburgh New philosophical Journal 1829 Sept.

daß jene Menschen, welche den Rübenbau als eine Beeinträchtigung der Getreideproduction angesehen wissen wollen, entweder ganz ohne nähere Einsicht in die Sache, oder doch ohne alle Kenntnisse des Sachverhaltes sind, wenn nicht etwa unlautere und böswillige Motive ihren Behauptungen zu Grunde liegen.

Wir haben jedoch selbst erst in 50 Jahren die Bevölkerung Oesterreichs als auf 5000 Seelen pr. ☐ Meile gewachsen angenommen, und nachgewiesen, daß durch den ausgedehntesten Rübenbau die Getreide- und Viehproduction gerade im gleichen Verhältnisse steigen muß und finden unsere Behauptung im obigen Aufsatze vollkommen gerechtfertigt.

Allerdings werden die Rüben in England nicht der Zuckerfabrikation wegen, sondern zur Fütterung und Verbesserung des Bodens gebaut. In England war auch eine Ursache vorhanden, welche die Menschen zwang zu diesem Mittel zu greifen. Lange Zeit hindurch war in England die Einfuhr des fremden Getreides verboten. Die Bevölkerung mehrte sich um mehr als 2% jährlich in Folge der sich stets mehr ausdehnenden Industrie und des umfangreichen Handels. Hat man in der vormärzlichen Zeit in Ungarn, Galizien oder in den Donaufürstenthümern etwa den Rübenbau zur Fütterung eingeführt? Oder wär es vielleicht nicht lohnend gewesen, mehr Vieh und Getreide auszuführen? Nichts von alle dem! Es fehlte an Industrie und Gewerbsfleiß, es fehlte an Communicationsmitteln, an Intelligenz und Capital!

Eine über das ganze Reich sich ausdehnende Rübenzuckerindustrie ist aber der mächtigste Hebel, die Industrie und den Gewerbsfleiß, Intelligenz und Capital nach allen Richtungen zu verbreiten.

Jedem denkenden Manne, dem es daran liegt, sich richtige Vorstellungen und Begriffe zu machen, wird es auch ein Leichtes sein sich die Uiberzeugung zu verschaffen, daß nach dem bisher Angeführten die successive Steigerung der inländischen Zuckerproduction auf fünfzehn Millionen Centner im Jahre nicht blos keine Illusion ist, sondern daß sie noch überdies eine kaum ahnbare Getreide- und Fleischproduction zur Folge haben müßte; und daß diese ausgedehnte Production von Rüben und Zucker, weit entfernt das Getreide zu vertheuern, gerade das Gegentheil hervorbringen muß. Es ist jedoch der Vorwurf der Getreidevertheuerung nicht der einzige, welchen man dieser Industrie machte, die Feinde derselben heben in neuerer Zeit, da sich der erste Vorwurf täglich mehr von selbst widerlegt, besonders hervor:

1. Die Rübenzucker-Industrie beeinträchtige die Finanzeinnahmen.
2. Sie hemme unseren auswärtigen Handel, und
3. verhindere dadurch die schnellere Entwicklung unserer Marine.

Indem wir uns von den agricolen und industriellen Betrachtungen ab, und auf das Gebiet der Finanz- und Handelspolitik wenden, wollen wie die obigen dieser Industrie gemachten Vorwürfe eben so gründlich untersuchen, als die ersteren.

Die Rübenzucker-Industrie beeinträchtige die Finanzeinnahmen.

Jede Behauptung muß sich auf irgend eine Thatsache stützen. Ist diese wahr, so kann auch die darauf gegründete Behauptung wahr sein, obgleich sie es noch nicht unbedingt sein muß. Nimmermehr aber kann die Behauptung einer Sache wahr sein, wenn die Thatsache, auf welche sie sich stützt, falsch ist.

Die Behauptung, daß die Rübenzucker-Industrie die Finanzeinnahmen beeinträchtige, stützt sich auf die Annahme, daß der Staat jene Summe im Eingangszoll für Colonialzucker verliere, welche gegenwärtig die Differenz des Zuckerzolles zur Rübensteuer für den im Lande erzeugten Zucker ausmacht.

Schon die Behauptung selbst ist falsch; und eben so falsch die daran geknüpfte Folgerung, daß der Staat durch die Rübenzuckerindustrie durch die ihm entgehende Summe nur Einzelne auf Kosten der Gesammtbevölkerung bereichere.

Untersuchen wir zuerst, ob der Staat seit den letzten 50 Jahren überhaupt und um wie viel weniger Zoll eingenommen hat, und behalten wir im Auge, daß gerade vor 25 Jahren, also ungefähr im Jahre 1832 der Rübenzucker mit dem Colonialzucker in Concurrenz zu treten begann. Im Jahre 1807, also gerade vor 50 Jahren, betrug die Zuckereinfuhr nach Oesterreich 84.430 Ctr., im Jahre 1832 war dieselbe auf 300.000 Ctr. gestiegen.

Die Vermehrung hat somit in 25 Jahren 215.570 Ctr. oder jährlich 8600 Ctr., das ist etwa 4½% im Durchschnitte betragen.

Nach den vorliegenden ämtlichen statistischen Tabellen hat die Einfuhr 1851 nach Abzug der Wiederausfuhr 628.271 Ctr. betragen, somit Vermehrung in 20 Jahren 328.271 Ctr. oder jährlich 16.413 Ctr.

Die Einfuhr des Colonialzuckers hat sich also während der letzten

4

Periode, d. i. seitdem die Rübenzuckerindustrie anfing in die Concurrenz zu treten, um 100% vermehrt.

Man wird zwar behaupten wollen, daß die Einfuhr ohne Dazwischenkunft des Rübenzuckers viel bedeutender gewesen sein würde, d. h. gerade um so viel größer, als Rübenzucker erzeugt wurde; dies wird man wohl behaupten, aber mit Nichts beweisen können.

Dagegen aber erlauben wir uns die Frage, warum jene Länder (England ausgenommen), welche keinen Rübenzucker bauen, wie z. B. Italien, Spanien, die Türkei u. s. w. nicht ebenfalls so rapide Fortschritte in der Zuckercomsuntion gemacht haben, als jene Länder, wo Rübenzucker gebaut wird, wie z. B. Frankreich, Belgien, Deutschland und Oesterreich? Es ermangelt also schon von diesem Gesichtspunkte aus eines jeden positiven Beweises, daß die Finanzeinnahmen durch die Rübenzuckerindustrie beeinträchtigt werden, weil der Vordersatz, auf den sich der Beweis stützen soll, in der Luft schwebt. Die Colonialzuckereinfuhr betrug aber im Jahre 1853 (Austria 1854) schon 790.000 Ctr. und ist heute gewiß schon weit über 800.000 Ctr. *), während die Rübenzuckerfabrikation ebenfalls schon mehr als 300.000 Ctr. betragen dürfte, so daß die durchschnittliche Consumtion pr. Kopf sich heute schon über 3 Pfund erhoben hat.

Nachdem ein positiver Beweis nicht vorliegt, daß die Rübenzuckerindustrie die Finanzeinnahmen beeinträchtigt, wollen wir auf eine nähere Untersuchung dieser Frage eingehen.

Der Rübenzucker wird gegenwärtig mit 12 kr. pr. Ctr.
Rübe, d. i. nach dem normalen Verhältnisse zu 20 Ctr.
Brutto Rübe = 1 Ctr. Zucker mit . . . . 4 fl. — kr.
besteuert. Der Colonialzucker für die inländischen Raffinerien wird mit 6 fl. pr. Zollcentner in Silber, also den
Curs à 104 angenommen, mit . . . . : 6 fl. 58 „
verzollt, und ist somit der Rübenzucker gegen Colonialzucker um. . . . . 2 fl. 58 „
begünstigt. Halten wir die Ziffer von 300.000 Ctr. Rübenzucker als das gegenwärtig erzeugte Quantum fest, so ergibt sich eine directe Mindereinnahme von fl. 910.000 — vorausgesetzt, daß ohne Rübenzuckerindustrie 300.000 Ctr. mehr Colonialzucker eingeführt worden wäre, was ganz sicher nicht der Fall ist, und was wir entschieden in Abrede stel-

---

*) Nach Abschlag der Wiederausfuhr.

len, indem ohne Dazwischenkunft des Rübenzuckers der Colonialzucker schon so bedeutend im Preise gestiegen wäre, daß die Consumtion eher Rück= als Vorschritte gemacht hätte.

Nehmen wir die Tafel E mit dem Verzeichnisse der Fabrikations= spesen zur Hand, so finden wir, daß bei Erzeugung von 5000 Ctr. Zu= cker für Steuern, Stempel, Taxen, Porti ꝛc. fl. 3000 — verausgabt werden, was auf 300.000 Ctr. fl. 180.000 — macht, welche ebenfalls unter die directen Einnahmen des Staates gehören. Ferner sind die Rubriken: Arbeit, Gehalte, Brennstoff, Spodium, Material ꝛc. fast ganz in Tagelohn auflösbar, und betragen bei 300.000 Ctr. Zucker fast 4 Millionen Gulden, wozu noch die jährlichen Neubauten bei der fortge= setzten Steigerung mit 2 Millionen kommen, welche ebenfalls fast aus= schließlich für Taglohn ausgegeben werden. Die Arbeiter in den Fabri= ken, der Handwerker und Taglöhner und alle, welche an jenen 6 Millio= nen Antheil nehmen, geben ihren Lohn größtentheils für höher — und höchst besteuerte Gegenstände aus, sie sind die stärksten Consumenten von Bier, Wein, Fleisch, Salz, Tabak, Branntwein, von Caffee und anderen Colonialwaaren; und wir greifen gewiß nicht zu hoch, wenn wir anneh= men, daß von diesen 6 Millionen mindestens 12% an directen und indi= recten Steuern wieder den Staatscassen zufließen. Wo ist nun hier noch eine Beeinträchtigung der Staatseinnahmen zu finden? Dabei haben wir noch gar nicht in Anschlag gebracht, daß auch jene für 6 Millionen Centner Rüben verausgabten drei Millionen Gulden zum größeren Theile sich in Taglohn auflösen lassen, welche ebenfalls für solche besteuerte Gegenstände ausgegeben werden. Wollte man daher auch nur 6% annehmen, welche auf solche Weise zurück in die Staats= cassen fließen (eine Ziffer, welche gewiß Niemand mehr zu hoch finden wird), so erscheint ja der oben angeführte Ausfall reichlich gedeckt.

Man wird uns vielleicht entgegnen, daß sie sämmtliche Taglöhner und Arbeiter auch ohne diese Industrie consumirt haben würden; aller= dings — jedoch was hätten sie consumirt und wie viel? was consu= miren z. B. die Landleute in jenen Strichen, wo es an jeglicher Industrie fehlt, — in Galizien, Ungarn, Siebenbürgen, und was consumiren jene Landleute in Fabriksdistricten? Die k. k. Steuerämter können hierüber am besten Aufschluß geben, und der auf je 1000 Seelen entfallende Unter= schied ist gewiß ein sehr ansehnlicher.

Bei dem jetzigen Steuer= und Zollverhältnisse der beiden Zuckergat=

4*

tungen kann wohl von Beeinträchtigung der Staatseinnahmen keine
Rede mehr sein.

Wie sieht es mit dem anderen Vorwurfe:

Hemmung der Entwicklung des auswärtigen Handels aus?

Man berechnet, daß die Einfuhr des Colonialzuckers nach Europa
gegenwärtig den Colonien eine jährliche Einnahme von 250 Millionen
verschaffe, daß diese Einnahme das Hauptmittel sei, die europäischen
Industriewaaren zu bezahlen; daß wenn dieses Tauschmittel wegfiele,
die Verhältnisse der industriellen Zustände in Europa gänzlich verrückt
würden, daß Uiberproduction von Manufacturwaaren und Handelskrisen
eintreten würden, und dergleichen Unsinn mehr.

Wir haben bereits am geeigneten Orte nachgewiesen, daß die Zuckerconsumtion in ganz Europa zunimmt, und zwar im Durchschnitte 5 %
jährlich. Wir haben ferner gesehen, daß die Einfuhr des Colonialzuckers
zwar nicht im gleichen Verhältnisse des Verbrauchs steigt, daß sie aber
bessenungeachtet noch immer zunimmt und nicht geringer wird. Wir
haben ferner berechnet, daß der österr. Kaiserstaat in seiner dermaligen
Ausdehnung, wenn der Verbrauch und die Population in gleichem Maße
wie in den letzten 25 Jahren steigt, in 50 Jahren allein so viel Zucker
verbrauchen würde, als gegenwärtig ganz Europa verbraucht. Hält man
diese Thatsachen fest, und zieht man den Umstand mit in Betracht, daß
außer Frankreich, Deutschland, Oesterreich und Rußland wohl schwerlich
je ein anderer europäischer Staat in der Lage ist, sich seinen Zucker-
bedarf selbst zu erzeugen, so fällt schon an und für sich das Unbegrün-
dete und Kurzsichtige jener Behauptung in die Augen; indem die Colonien vollauf zu thun haben, den rasch zunehmenden Mehrverbrauch jener
Länder in Europa und Nordamerika zu decken, welche keinen Zucker
produciren.

Wollen wir jedoch einmal annehmen, der Zuckerverbrauch mehrte
sich in Europa nicht, und die Rübenzucker-Production nähme eine solche
Richtung in Europa, daß zu befürchten wäre, die Colonien könnten
keinen Zucker mehr nach Europa senden; wie kommen die Gegner der
Rübenzucker-Industrie dazu, uns Europäern die Verpflichtung aufzuerle-
gen, dafür zu sorgen, daß die außereuropäischen Staaten ein bequemes

Zahlungsmittel haben, ihre Bedürfnisse, welche sie von uns beziehen müssen, auszugleichen!

Hören wir einmal diese Leute an, wie consequent sie in ihren nationalökonomischen und handelspolitischen Grundsätzen sind!

Wenn wir sie fragen, wie unser Ackerbauproletariat, unsere Maschinen- und Fabriksarbeiter, welche bei der Rübenzucker-Industrie und beim Rübenbaue beschäftigt sind, anderwärts ihren Erwerb finden sollen, wenn man dieser Industrie Hindernisse bereitet, welche ihre Existenz in Frage stellen, so erhalten wir stets zur Antwort: „Diese Leute werden schon eine andere Beschäftigung finden." Das natürliche Bestreben der Menschen, sich ihre Existenz zu verbessern, treibt sie von selbst an auf andere Mittel zu sinnen, um ihre Bedürfnisse zu decken, es wäre überflüssig und lächerlich, sich darum sorgen zu wollen.

Mögen jene Leute ihre eigene Lehre auch auf ihre Frage anwenden, was die Colonien machen sollen, wenn ihnen der Zucker als Zahlungsmittel entgeht; wir haben zu dieser Lehre nichts hinzuzusetzen, und nichts wegzunehmen!

Wenn wir dem einfachsten Bauer sagen würden, es sei gegen sein eigenes Interesse, daß er im Winter oder sonst bei freier Zeit seinen Pflug, seinen Wagen und sein Haus selbst ausbessere, indem er dadurch den Handwerkern das Mittel entziehe, ihm Eier, Butter, Hühner, Obst u. dgl. m. abzukaufen, so würde uns der einfache Bauer höchst wahrscheinlich in's Gesicht lachen, und mit vollem Rechte. Man wird unwillkürlich zum Lachen hingerissen, wenn man manchen Docenten der Nationalökonomie über die unerläßliche Nothwendigkeit sprechen hört, dafür sorgen zu müssen, daß es jenen Völkern, mit welchen wir vielleicht einmal einen bedeutenden Handel zur See treiben könnten, schon jetzt nicht an einem entsprechenden Tauschmittel fehle.

Solche Theorien darf man nur wagen, in Deutschland öffentlich zur Schau zu tragen, in England, Frankreich und Nordamerika würde man sich dem allgemeinen Gelächter — oder Bedauern preis geben.

Haben sich z. B. die Nordamerikaner jemals darum gekümmert, ob wir das nöthige Tauschmittel für ihre Baumwolle haben? Sie errichten alle Fabriken, für welche sie auch nur den kleinsten Erfolg in Aussicht haben, sogar die harmlosen Schwarzwälder-Uhren und Wiener Harmonica's werden sie bald in vollen Schiffsladungen nach Europa senden,

ohne sich zu kümmern, mit welchem Tauschmittel wir ihre uns unentbehrlichen Colonialartikel zahlen können. Frankreich und England bele-
gen alle jene Erzeugnisse der Industrie, bei welchen sie eine wesentliche
Concurrenz mit ihren eigenen Industrien zu befürchten haben, noch immer mit Zöllen, die einem Verbote gleichkommen, und man kümmert sich
wenig darum, wie wir unsere unentbehrlichen Bedürfnisse von diesen
Ländern zahlen! —

Was den österreichischen Kaiserstaat betrifft, so möge man den ersten Grundsatz nicht vergessen:

Daß vor Allem der innere Handel sich vollständig entwickelt haben
muß, bevor man an einen namhaften und vortheilhaften überseeischen
Handel denken kann, zu welchem ein Uiberfluß an Capital gehört, welcher im Lande selbst nicht mehr vortheilhaft genug placirt werden kann.

Daß der innere Handel nur dann seinen Höhenpunkt erreichen
kann, wenn sich die Industrie und der Gewerbsfleiß über alle Gauen
unseres reich gesegneten Vaterlandes verbreitet haben werden, wodurch
die reichen noch größtentheils in der Erde schlummernden Schätze zu
Tage gefördert werden.

Daß endlich der Lauf unserer Flüsse, und die Lage unserer Küste
uns den Fingerzeig geben, wohin wir seiner Zeit den Uiberfluß unserer
Erzeugnisse der Natur und der Industrie absetzen können; besonders
wenn der Handel nach den Hauptabsatzorten in Asien wieder seinen
alten Weg über Egypten nimmt.

Wie es mit der Beeinträchtigung unseres überseeischen Handels
durch die Rübenzucker-Industrie steht, so steht es auch um die

Beeinträchtigung der schnelleren Entwicklung unserer Marine.

Wenn wir blos deshalb Colonialzucker einführen sollen, um unsere
Handels-Marine schneller zu entwickeln, so wäre dies wahrhaftig ein
höchst kostspieliges Entwicklungsmittel und wir könnten eine auf solchen
Grundlagen herangezogene Handelsmarine mit weit mehr Recht eine
Glashausindustrie nennen, als man seiner Zeit die Rübenzuckerindustrie
mit diesem Namen belegte!

Wenn die deutsche Rhederei überhaupt, und die österreichische insbesondere keine anderen Stützen, und keine anderen Hebel zu ihrer Ver-
größerung, als die reichliche Einfuhr von Colonialzucker hatte, so

könnten wir derselben kein glückliches Prognosticon stellen. Dieses ist jedoch nicht der Fall.

Vorerst vergißt man ganz, daß jene Millionen Gulden, welche die rübenzuckerproducirenden Länder Europa's ersparen, nicht todt in der Caffa liegen bleiben, sondern von Hand zu Hand gehen und die Consumtionsfähigkeit vermehren; daß für jenes Geld, welches für Colonialzucker erspart wird, um so mehr Thee, Caffee, Gewürze aller Art, Baumwolle, Tabak und hundert andere Artikel eingeführt werden, und daß dieser Ausgleich in einer langen Reihe von Jahren, und nicht plötzlich vor sich geht.

Man könnte ja mit eben so viel Recht die Einfuhr von allen andern Producten des Auslandes, als z. B. Getreide, Wein, Steinkohlen, Holz zc. als eine Nothwendigkeit betrachten, weil dadurch unsere Handelsmarine gehoben wird.

Das ganz Unstatthafte solcher aus der Luft gegriffenen, und zur Beirrung der mit den Gesetzen der Handelspolitik nicht bekannten größern Menge absichtlich erfundenen Anklagen tritt aber noch mehr hervor, wenn man die Thatsachen wirklich prüft.

Die Tafeln zur österr. Statistik gaben den Stand unserer Handelsmarine folgender Maßen an:

	Anzahl der Schiffe,	Tonnen-Gehalt,	Matrosen,
1841	5574	215598	25612
1851	9903	271261	34520
Vermehrung			
in 10 Jahren	4329	65663	8908
oder in %	78 %	30 %	34 %.

Wir erlauben uns die Frage, in welcher 10jährigen Epoche sich die österr. Marine so vermehrt hat, als gerade in dieser, während welcher die Rübenzucker-Industrie in Oesterreich den größten Aufschwung genommen hat?

Die auf österr. Werften erbauten Schiffe betrugen nach denselben Quellen:

				Schiffe	Tonnen-Gehalt
vom Jahre 1801 bis 1809 jährlich im Durchschnitte	2	à	63
" " 1810 " 1820	$10_{/5}$	"	102
" " 1821 " 1830	$34_{/17}$	"	95
" " 1831 " 1840	$42_{/9}$	"	96
" " 1841 " 1851	68	"	179

Die ſtärkſte Vermehrung von 50 % fällt alſo gerade in die letzte 10jährige Epoche. Ebenſo iſt es mit dem Handel ſelbſt. Der ſtärkſte directe Verkehr zwiſchen Oeſterreich und den uns Zucker liefernden Co= lonien auf unſern eigenen Schiffen war ſeit langer Zeit her Braſilien.

Die Einfuhr von Oeſterreich nach Rio=Janeiro betrug im Jahre 1841 276.000 fl. — jene von Rio=Janeiro nach Oeſterreich 1,633.000 fl. Im Jahre 1851 ſtieg die Einfuhr von bort nach Oeſterreich auf 2,307.100 fl., alſo faſt auf das Doppelte. Die Einfuhr nach Rio=Ja= neiro ſtieg auf 277.600 fl., ſie hat alſo um

1600 fl. in 10 Jahren zugenommen!

und ſie wird, wenn wir auch das Vierfache und Zehnfache des jetzigen Betrages aus Rio=Janeiro beziehen, um nichts mehr zunehmen! Man bezieht das was man von andern Ländern braucht, nicht deshalb von ihnen, weil ſie das eigene Bedürfniß von uns beziehen, ſondern deshalb, weil man es nirgendwo= her beſſer oder billiger haben kann. Obgleich wir z. B. von der Schweiz nur ſehr wenig beziehen, ſo iſt die Schweiz doch einer un= ſerer ſtärkſten Abnehmer von Seide, Wolle und Getreide — blos des= halb, weil es ſich mit dieſen Artikeln nirgends beſſer oder wohlfeiler verſehen kann; und ſo geht es herab bis in das alltägliche Leben.

Man ſieht alle jene gegen die Rübenzucker=Induſtrie geſchleuderten Anklagen zerfallen bei gründlicher Unterſuchung in Nichts.

Nachdem wir die von einzelnen Parteien erhobenen Klagen gegen die inländiſche Zuckerfabrikation einer Unterſuchung unterzogen haben, betrachten wir es als eine Pflicht, auch das Intereſſe der Zuckerconſu= menten in den Bereich unſerer Betrachtungen zu ziehen.

Daß der Conſument unter den jetzt beſtehenden Verhältniſſen ſeinen Zuckerbedarf weit wohlfeiler durch die Concurrenz des Rübenzuckers mit dem Colonialzucker erhält, als ohne dieſelbe, iſt ſo einleuchtend und klar, daß es wohl ganz überflüſſig erſcheinen dürfte, dies erſt begründen zu wollen, weil dies dem einfachſten Verſtande einleuchtet. Man hat aber an mehreren Orten und zu verſchiedenen Zeiten behauptet, daß Zucker nicht mehr unter die Luxusartikel, ſondern unter die nothwendi= gen Lebensmittel gehöre, und daß man wohl baran thun würde, dem ausländiſchen Zucker, gleichviel ob raffinirt oder Rohzucker, den zollfreien Eingang geſtatten ſollte, nach dem volkswirthſchaftlichen Principe, daß alle Lebensmittel frei eingeführt werden ſollten.

Vorerst ereiferte man sich über den scheinbaren Verlust der Staatseinnahmen durch die dem inländischen Zucker zugewandte Begünstigung,
und schnell geht man zum Extrem über und provocirt eine ganz freie
Zuckereinfuhr zu Gunsten der Consumenten.

Angenommen, es würde sich eine europäische Regierung, welche gegenwärtig Zuckerzölle erhebt, dazu verstehen, ein solches Experiment zu
machen, so würde allerdings der Consument, welcher gegenwärtig 3 Pfund
Zucker consumirt vielleicht 9 kr. im Jahre beim Zuckereinkaufe ersparen;
da aber der Ausfall an Zoll und Steuer, welchen die Staatscassa dadurch
erleiden würde, von dem Consumenten bezahlt werden müßte, ohne daß
man demselben einen anderen Erwerb zugewiesen hat, so würde ihm
diese direkte Steuererhöhung gewiß schwerer fallen, als der frühere
Zuckerpreis.

Da es aber wohl keinem Staate einfallen wird, dieses Experiment
für sich allein zu machen, so muß man annehmen, daß es so gemeint
sei, als würden sämmtliche europäische Regierungen den Zuckerzoll ganz
aufheben. Um consequent zu sein, müßte man dann natürlich auch die
Rübensteuer fallen lassen, und die freie Concurrenz wäre dann vollkommen hergestellt.

Die nächste Folge wäre dann natürlich ein so bedeutendes Sin-
ken des Zuckerpreises, daß die Consumtion vielleicht jährlich statt um
6%, um 12% steigen würde.

Da nun aber die Colonien, wie wir im Eingange dieser Schrift
gesehen haben, schon gegenwärtig den Bedarf von Europa nicht mehr
zu decken vermögen, so würden sie ohne eine wesentliche Preissteigerung nun noch weniger im Stande sein, den Begehr zu decken.
Da nun eine solche Preissteigerung auch dem Rübenzucker zu gute käme,
so würde derselbe von der Steuer befreit und bei höheren Preisen höchst
wahrscheinlich sich bald in demselben Stadium befinden als gegenwärtig.

Nehmen wir an, daß gegenwärtig schöne Rohzucker in Hamburg
und Triest fl. 20 kosten, welche sich mit Fracht und Spesen auf fl. 22
nach Wien oder Prag stellen, so würden Melisse nach Abschlag des
Syrups und Abganges und inclusive der Raffinationsspesen und des
Gewinnes auf fl. 33 bis 34 kommen.

Rechnet man die Steuer vom Rübenzucker mit fl. 4 pr. Ctr.
Zucker von den gegenwärtigen Preisen ab, so stellt sich der raffinirte
Rübenzucker gegenwärtig auch nicht höher. Höchst wahrscheinlich würde
bei einer so bedeutenden Steigerung des Verbrauchs der fremde Zucker

sich weit höher stellen als fl. 22, weil sich der Preis immer und überall nach dem Begehr richtet.

Die Concurrenz des inländischen Zuckers würde auch dann wieder die Aufgabe haben, die Zuckerpreise in bescheidenen Schranken zu halten, und es der Speculation zu erschweren, sich des Artikels zum Nachtheile der Consumenten zu bemächtigen.

Nicht stärkerer Absatz ist es, den die Colonien bedürfen, um ihrer Zuckerindustrie eine größere Ausdehnung zu geben, sondern **höhere Preise thun ihnen Noth!** Arbeit, Brennstoff, Capital und alle anderen Bedürfnisse sind sammt den Steuern dort eben so gestiegen wie bei uns, und der Kampf, den man gegen den Rübenzucker führt, hat lediglich seinen Grund in dem Umstande, daß das einheimische Product jeder Preissteigerung energisch entgegen tritt.

Angebliche Bereicherung der Rübenzuckerfabrikanten.

Wir haben nun noch über die angebliche Bereicherung der Rübenzuckerfabrikanten eine kurze Bemerkung zu machen.

Man hat, um das Maß der Anklagen zu erschöpfen, behauptet, daß durch die Begünstigung welche den Rübenzuckerfabriken gewährt wird, sich nur Einzelne auf Kosten der ganzen Bevölkerung bereichern. Wir wollen gerne zugeben, daß jene Fabriken, welche unter ganz günstigen Umständen und schon längere Zeit arbeiten, einen entsprechenden Gewinn aufzuweisen haben, wenn gleich andere, welche unter minder günstigen oder etwa gar ungünstigen Verhältnissen arbeiten, nicht nur keinen Gewinn, sondern nur empfindlichen Verlust hatten.

Wir finden hier gar nichts Außergewöhnliches, sondern nur Erscheinungen, welche bei allen andern Gewerben und Industrien ebenfalls vorkommen, und zwar nach Maaßgabe der Capitalgrößen, welche in den betreffenden Geschäften placirt sind. Bei jedem Handwerke, bei allen Fabriken, und namentlich bei Kaufleuten sind die Erscheinungen alltäglich, daß während Einzelne sich bereichern, andere zu gleicher Zeit zu Grunde gehen, oder doch mindestens keine sichtbaren Fortschritte machen. Man könnte, und mit eben so großem Rechte, behaupten, daß jener Kaufmann, welcher glücklich speculirt, d. h. billig einkauft und theuer verkauft, sich auf Kosten der Menge bereichert.

Streng genommen bereichert sich ja Jeder, der sein Vermögen vermehrt, auf Kosten Anderer, man müßte nur läugnen wollen, daß

dort, wo einer um tausend Gulden reicher wurde, ein anderer oder mehrere zusammen um tausend Gulden ärmer geworden sein müssen. Wie
kann der inländische Zuckerfabrikant sich auf Kosten der Consumenten
bereichern, wenn er es ist, welcher die Zuckerpreise in Schranken hält
und das Steigen dieses Artikels möglichst verhindert. Liegt hierin nicht
ein großer Widerspruch?! Und wäre es endlich wirklich, so wie man der
Welt gerne von einer Seite glauben machen möchte, ist es denn ein
Unglück für den Staat, wenn es reiche Leute gibt?

Ist die Anhäufung von Capital ein Unglück in einem Staate?
Mit nichten, sie ist ein Glück für Alle. Die Erniedrigung des Zins-
fußes ist die erste Folge, worin uns England und Holland das Beispiel
liefert. Der Mensch wird mit viel geringerer Anstrengung einer weit
größeren Masse von Genuß und zwar gerade des edleren theilhaftig,
weil der sinkende Zinsfuß den Unterschied zwischen Arm und Reich immer
mehr verschwinden macht. Die menschliche Arbeit, sie sei materiell oder
geistig, wird dann immer höher steigen, weil sie diejenige Güterquelle ist,
die am wenigsten unbegrenzt erweitert werden kann, und der unthätige und
nichtsthuende Rentier wird nur mit Mühe ein geringes Einkommen von
seinen Papieren beziehen. Braucht es wohl noch einer Widerlegung
derer, die der Meinung sind, daß ein Land wegen zu großen Reichthums
untergehen oder gleichsam in seinem Capitale ersticken könne?*)

Porter antwortet denjenigen welche England den Untergang wegen
seiner großen und vielen Reichen prophezeien, wie folgt:

„Man hört mitunter noch Klagen über zunehmende Noth und
nahendes Verderben der Nation, wenn man gleich zugeben wird, daß
solche düstere Prophezeiungen jetzt seltener vorgebracht werden, als vor
einigen Jahren, was ohne Zweifel dem Umstande zuzuschreiben ist, daß
die Zeichen von Wohlstand und Glück unter uns viel mehr in die Augen springend geworden sind, als früher durch die Art der Verwendung
des ersparten Capitals. Man hat unsere Zeit mit Recht das Zeitalter
der Bewegung genannt, beschleunigt und angefeuert durch die vielfachen
Verbindungen der Menschen, die zusammen wirken bei der zweckmäßigen
Verwendung der ungeheuren Massen von angehäuftem Capital. Die
großartigen Einrichtungen, die in Folge dieser Verbindungen nothwendig
waren, haben ein ungeheures Anlage = Capital erfordert, und da ältere
Unternehmungen deßhalb nicht aufgegeben werden durften, so konnte es

*) Vergleiche Say u. A.

nicht fehlen, daß sich das Bedürfniß geltend machte, immer neue Capitalien herbei zu schaffen."

Wir treten in ein Stadium, wo diese über England gemachten
Bemerkungen auch auf unsere Verhältnisse Anwendung finden, und es
ist eine Absurdität, sich darüber beklagen zu wollen, daß sich größere
Capitalien in einzelnen Händen aufhäufen, welche man nur kurzsichtigen
Menschen verzeihen kann!

Die Rübenzucker-Industrie mit besonderer Rücksicht auf die Verhältnisse des österreichischen Kaiserstaates.

Der österreichische Kaiserstaat ist erst seit dem letzten Jahrzehend
zum vollen Bewußtsein seiner innern Kraft gelangt. Mit raschen und
kräftigen Schritten wird das Langversäumte nachgeholt, und die Völker
Europas zollen verwundert der so raschen Entwicklung ihren vollen
Beifall. Die gefeierten Männer, welche gegenwärtig am Staatsruder
stehen, haben erkannt, daß das sicherste Mittel zur Erreichung des großen
Zweckes, welchen sie verfolgen, die Belebung aller noch schlummernden
Kräfte, und besonders jene der Arbeit ist. — Ihrem tiefen Blicke kann
es unmöglich entgangen sein, daß die hier in Rede stehende Industrie
sich dazu eignet, den angestrebten Zweck schneller und sicherer als auf
jedem anderen Wege zu erreichen. Die östliche Hälfte der Monarchie,
gesegnet mit dem üppigsten Boden, harrt der Hände der Intelligenz und
des Capitals, welche denselben auf jene Stufe heben sollen, auf welchem
mindestens die westliche Hälfte der Monarchie schon steht, damit in dem
großen Körper ein gleichmäßiger Blutumlauf stattfinden möge.

Kein Geldopfer von Seite des Staates, auf directe Colonisation
verwendet, keine, auch mit den größten Privilegien ausgestattete Actien-
gesellschaft vermag die Colonisation Ungarns und der ganzen östlichen
Hälfte der Monarchie so schnell und auf die natürlichste Weise zu voll-
bringen, als eine sich rasch entwickelnde und ausgedehnte Rübenzucker-
production.

Um zu dieser Überzeugung zu gelangen, braucht man nur die
Wirkungen mit Aufmerksamkeit zu beobachten und zu verfolgen, welche
eine neu errichtete Zuckerfabrik in Böhmen oder Mähren auf den ganzen
Umkreis von mehreren Meilen ausübt.

Schon während des Baues der Fabrik macht sich im Orte selbst ober in den nächstliegenden Ortschaften ein regeres Leben bemerkbar. Der verausgabte Taglohn kömmt den Landleuten der Umgegend zu Gute. Die herbeigezogenen, beim Baue und bei der Einrichtung der Fabrik beschäftigten Handwerker, Maschinisten und Beamten suchen Unterkunft und Verpflegung. Alle Victualien erhalten einen besseren Preis. Die Wohnungen und Häuser der Bauern fangen an sich wesentlich zu ihrem Vortheile zu verändern; früher oft mehr den Ställen gleich, erhalten selbe binnen kurzer Zeit ein reinlicheres Ansehen und eine bequemere Einrichtung. Viele der blos für den Bau herbeigezogenen fremden Handwerker erhalten nach Vollendung der Fabrik eine bleibende Anstellung und lassen sich sammt ihren Familien im Orte nieder. Schon nach einigen Jahren gibt sich eine gewisse Wohlhabenheit in dem Orte und in der nächsten Umgebung kund. Die heranwachsende Jugend findet im Sommer auf den Rübenfeldern, im Winter in der Fabrik Erwerb. Die Felder gewinnen bald ein anderes Ansehen, man verläßt die alte schlechte Wirthschaftsmethode, und lernt von den Fabriksbesitzern, welche selbst Felder angekauft oder gepachtet, und tüchtige Oekonomen angestellt haben, dem Boden einen höhern Ertrag abzugewinnen. Man wird bekannt mit einer den Umständen entsprechenden Wechselwirthschaft; man lernt neue Ackerbaugeräthe und künstlichen Dünger kennen. Jedes bisher oft kaum beachtete Fleckchen Boden wird benützt und verwendet; grüne Gemüse, bei dem böhmischen und mährischen Bauer ganz unbeachtet, beginnen auch bei ihm, angeregt durch fremdes Beispiel, Eingang zu finden. Der Kaufmann des nächsten Ortes benöthigt nun weit mehr Colonialwaaren, Eisen und eine große Zahl anderer Artikel, welche er sonst nie benöthigte. Der Bauer, indem er sieht, daß der intelligentere Arbeiter reichlichen Verdienst hat, lernt den Werth der Schuler kennen, er hält seine Kinder mehr als sonst an, etwas zu lernen. Die Steuern fangen an regelmäßiger einzugehen. Der Tuchrock tritt endlich nach mehreren Jahren an die Stelle der Halena oder des Schafpelzes, und Katune und seidene Tücher bilden den Sonntagsstaat der Weiber. Wie mit einem Zauberschlag verändert erscheint die Gegend demjenigen, der sie wenige Jahre vorher gesehen hat.

Die Wirkungen einer größeren Zuckerfabrik auf die materielle und intellectuelle Productionskraft der Umgebung auf mehre Stunden sind zu auffallend und augenscheinlich, daß man die Rübenzuckerfabrikation erst erfinden müßte, wenn sie noch nicht existirte, um die östliche Hälfte der Monarchie schnell consumtionsfähiger zu machen und eine rationellere

Bewirthschaftung einzuführen. Die Ursache, warum sich diese Industrie in den östlichen Provinzen nur sehr langsam verbreitet und gegenwärtig nur auf Böhmen und Mähren mit Schlesien beschränkt ist, ist Mangel an Händen in jenen Gegenden. Es fehlt nicht an gutem Boden, es fehlt nicht an vorhandenem Brennstoff. Bald wird es auch nicht an den nöthigen Communications-Mitteln fehlen; auch das Capital wird sich, nachdem der Rechtsstand auch in Ungarn hergestellt ist, finden; aber es fehlt an Handwerkern und Taglöhnern, mit einem Worte an Händen. Da nun offenbar, wie oben erwähnt, die Verbreitung der Rübenzucker-industrie das geeignetste Mittel wäre, diesem Mangel am schnellsten abzuhelfen, so müßte etwas geschehen, was der Verbreitung dieser Industrie Vorschub leisten könnte. Wer wird heute eine Zuckerfabrik in der Bukowina oder in Siebenbürgen anlegen, wenn nicht ein außerordentlicher Vortheil ihn für die vielen Calamitäten entschädigt, welche seiner dort harren? Und doch wäre es von höchster Wichtigkeit, gerade an der östlichen Grenze die Landwirthschaft zu heben, die Intelligenz und den Wohlstand und mit beiden den innern Handel zu fördern, an welchen sich dann erst zunächst der äußere Handel knüpft. Gerade jene Provinzen sind die natürlichen und geeigneten Stappelplätze für unsere Ausfuhr, und ein lebhafter Verbrauch unserer Industrieerzeugnisse in jenen Provinzen hat zur natürlichen Folge, daß die angrenzenden Bewohner des Auslandes mit dem Verbrauche unserer Erzeugnisse bekannt werden. Das einfachste Mittel wäre freilich die Zusicherung der Steuerfreiheit auf eine angemessene Reihe von Jahren, weil dadurch der beabsichtigte Zweck am schnellsten erreicht werden könnte. Da dieses Mittel aber schwerlich beliebt werden dürfte, so wäre die Einführung der Steuerrück-vergütung auf ausgeführten Rübenzucker mindestens eine Aufmunterung zu Versuchen.

Bei der sich höchst wahrscheinlich noch auf lange Zeit hinaus haltenden Höhe der Colonialzuckerpreise dürfte es dann möglich sein, von der Bukowina und von Siebenbürgen aus mit den holländischen und englischen Melissen auf den Märkten der Moldau und Walachei zu concurriren. Denn würde die Rückvergütung für Raffinade mit fl. 6 per Centner bemessen, so wäre mindestens schon jetzt die Ausfuhr nach den unseren Gränzen zunächst liegenden Districten ermöglicht.

Eine weitere Begünstigung für jene entfernt liegenden Kronländer wäre die zollfreie Einfuhr des Eisen- und Maschinenbedarfs für die Errichtung neuer Fabriken. Das Wichtigste endlich aber wäre nicht nur für jene entfernten, sondern für alle Unternehmer und Errichter neuer Fabriken die definitive Erklärung unserer hohen Staatsverwaltung, welches Minimum von Schutz sie dieser so höchst wichtigen Industrie unter allen Umständen gegenüber dem Colonialzucker für immer zu gewähren, den Verhältnissen angemessen erachtet.

So wichtig es für den Capitalisten ist zu wissen, auf welche Grundlage er seine Unternehmung basirt, so wichtig muß es dem Staate selbst sein, daß keine Kapitalien bei neuen und großen Unternehmungen verloren gehen. Hat man einmal erkannt, daß die Weckung und Belebung unserer so reich vorhandenen, noch größeren Theiles im Boden schlummernden Kräfte die höchste Aufgabe der Gegenwart ist, worauf alle neuern Maßregeln hindeuten, und gibt man, wie kaum anders möglich, zu, daß die Rübenzuckerindustrie in ihrem ganzen Umfange hierzu eines der geeignetsten Mittel ist, so kann der noch bestehende, verhältnißmäßig geringe Schutz für unsere Verhältnisse wohl kaum noch ein Hinderniß sein, sich über die Zukunft in dieser Hinsicht klar auszusprechen; weil jede, auch die kleinste Erhöhung, stets die Einschüchterung vieler Unternehmungen zur Folge hat und das Ziel weiter hinausgerückt wird.

Wir haben an seinem Orte nachgewiesen, daß, gestützt auf die bisherigen Erfahrungen, die Consumtion successive bis in längstens fünfzig Jahren sich auf 15 Millionen Centner Zucker in Oesterreich steigern müßte; — daß höchst wahrscheinlich bei der so geringen Steigerung der Production des Colonialzuckers, wodurch kaum der Mehrverbrauch jener Länder gedeckt werden kann, welche selbst keinen Zucker erzeugen, uns die Aufgabe zufallen wird, unsern ganzen Bedarf selbst zu erzeugen; — wir haben ferner nachgewiesen, daß dies nicht blos möglich, sondern für unseren Mehrbedarf an Getreide sogar wichtig und nothwendig ist; — wir sehen, daß dadurch eine Summe von 520 Millionen dem inneren Handel sodann jährlich zugewendet wird, daß diese Summe bis dahin durchschnittlich mindestens mehr betragen wird, als die Ziffer unserer Gesammtausfuhr dermalen beträgt! Kann nach alledem die scheinbare directe Mehreinnahme von einigen Tausend Gulden unter solchen Umständen wohl noch ein Anstoß zur Förderung so wichtiger erreichbarer Resultate sein?! Hiermit soll jedoch nicht gemeint sein, daß die Rübenzuckerindustrie des gegenwärtigen kleinen Schutzes nicht mit der Zeit auch noch wird entbehren können; sie hat Kraft und Lebensfähigkeit genug, um auch einst ohne allen Schutz sich in Oesterreich entwickeln und fortbilden zu können. Daß dies aber gegenwärtig noch nicht der Fall ist, beweist ja eben der Umstand am besten, daß in den geeignetsten Kronländern unseres Reiches, in Galizien, in der Bukowina, in Ungarn und Siebenbürgen, wo es weder an gutem Boden, noch an Brennstoff, noch an Knochenkohle fehlt, sie zu keiner gesunden Entwicklung kommen kann. Die Kosten der Herbeischaffung von Arbeitskräften, Mangel an Capital und Credit an Ort und Stelle und die kostspieligere Beschaffung dieser Hauptfactoren stehen noch in keinem Verhältnisse mit dem zu hoffenden Gewinne.

Einer der größten Steine des Anstoßes ist noch allenthalben, nicht blos im östlichen Theile des Reiches, die geringe Aufmerksamkeit und Sorgfalt, welche der Hebung des Ackerbauwesens zu Theil wird. Stünde dasselbe auf jener Stufe wie in den zuckerbauenden Districten des Zollvereines, so könnten die Rübenzuckerfabriken schon jetzt den noch bestehenden Schutz entbehren. Wie aus der Tabelle G Seite 41 zu ersehen ist, beträgt ein halber Grad Beaumé besserer Rübe gerade so viel für den Zuckerfabrikanten, als der gegenwärtige Schutz von 6 kr. per Centner Rübe gegenüber dem für Raffinerien eingeführten fremden Zucker. Nun wird aber gewiß Niemand läugnen wollen, daß die Rüben im Zollvereine überhaupt, besonders aber in den Hauptdistricten von Magdeburg und Schlesien durchschnittlich um 2 Grade besser als bei uns ist. Dies macht für den Zuckerfabrikanten einen Unterschied von 24 kr. auf den Centner Rübe, so daß die Zuckerfabrikanten Oesterreichs im Durchschnitte, ungeachtet der höhern Steuer im Zollvereine, um die ganze gegenwärtige Steuer höher belastet erscheinen, als im Zollvereine.

Hierdurch wird es auch erklärlich, wie im Zollvereine, ungeachtet eines scheinbaren höhern Steuersatzes, die Raffinade dennoch billiger verkauft werden könne als bei uns.

Es liegt bei uns nicht an der Güte des Bodens oder an klimatischen Verhältnissen, sondern einzig allein an den Verhältnissen und Zuständen unseres Ackerbauwesens. Nur dort, wo der Fabrikant so viel Capital besitzt, um sich seine Rüben selbst zu bauen, erreicht er mit großem Aufwande an Mühe und Capital endlich bessere Resultate; wo der Fabrikant jedoch darauf hingewiesen ist, seine Rüben von Anderen zu kaufen, bleibt er weit hinter den möglichen Resultaten zurück. Ungeachtet dessen muß er an den Rübenbauer einen weit höheren Preis für die Rüben bezahlen als im Zollverein, welcher für diese geringhältige Rübe nicht selten auf 40 kr. pr. Ctr. steigt.

Ein nicht minder großer Nachtheil für die schnellere Entwicklung dieser Industrie ist die größere Kostspieligkeit unserer ersten Anlage der Fabriken.

Der Unterschied gegen den Zollverein beträgt reichlich 30%. Die theuern Preise der Maschinen in Folge der hohen Eisenpreise, der mit Rücksicht auf die Leistung enorm hohe Taglohn gegenüber Deutschland, endlich die noch bestehenden, einer längst vergangenen Zeit angehörenden Baugesetze bilden die Hauptursachen dieses Unterschiedes.

Endlich ist das noch bestehende Wuchergesetz ein Haupthinderniß für den Fabrikanten, sich billigeres Capital zu verschaffen, denn alle Credit-Anstalten zusammen sind nicht im Stande, das Geld billiger zu machen, wenn der Verkehr mit diesem seinem Hauptnerv nicht freie Bewegung erhält.

Zur Hebung unserer Ackerbauverhältnisse sind vor Allem entsprechende und zeitgemäße Einrichtungen nöthig, welche den schnelleren Fortschritt der Cultur befördern.

Eine Theilung der übergroßen Güter-Complexe erscheint hierzu als das geeignetste Mittel. Derjenige, welcher sich der Urproduction widmen will, muß auch eine Stellung erlangen können, welche gegen Unsicherheit und Mißgeschicke geschützt ist. Eine besitzende Landbevölkerung hat auch viel vom Geiste der Land-Aristokratie, jedoch ohne deren gewöhnliche Verschwendung. Bei der zunehmenden Vermehrung der Bevölkerung muß auch der als Eigenthum erwerbbare Boden zunehmen, sonst entstehen Mißverhältnisse, wodurch der Staat in seiner naturgemäßen Entwicklung bedroht ist. Die Vermehrung der Anzahl von Grundbesitzern muß offenbar auch zur Verbesserung unserer agrarischen Verhältnisse beitragen, wäre dem nicht so, so müßten ja unsere großen Güter-Complexe eben so eine große Rente tragen, als Oekonomien von 10 bis 1200 Metzen.

Während es zu den Seltenheiten gehört, daß große Güter 4% Reinertrag liefern, haben wir Beispiele genug, daß für Pachtungen von 3—400 Joch Größe blos 5 bis 6000 fl. Pacht bezahlt wird, während der Pachter noch ein reicher Mann wird.

Man hat die Jahreszunahme der landwirthschaftlichen Production in Frankreich seit Anfang dieses Jahrhunderts auf mindestens 1500 Millionen Francs geschätzt; und doch genießt der heutige Bewohner gegen jenen reichlichere und bessere Nahrung! Die Thatsachen sprechen überall, wo die Theilung des Bodens eingeführt ist, zu laut zu deren

Gunsten, als daß man hierüber noch mehr Worte zu verlieren braucht; und es ist in Oesterreich durchaus nicht zu befürchten, daß das entgegengesetzte Extrem Platz greifen wird. Wir sehen auch, daß in jenen Ländern, wo die übermäßig großen Güter-Complexe überwiegend zahlreich sind, die landwirthschaftlichen Verhältnisse nur sehr langsame Fortschritte machen, und daß deren Besitzer in ewiger Geldnoth sind und sich doch auch keinen entsprechenden Credit verschaffen können.

Der verkäufliche Grund und Boden wird anderseits bei der großen Nachfrage täglich theurer, und steht schon jetzt in keinem Verhältnisse zum Werthe des großen Grundbesitzes mehr. Diese Anomalie muß mit jedem Jahre zunehmen, und hemmt die schnellere Entwicklung nicht nur unserer landwirthschaftlichen, sondern auch industriellen Verhältnisse; vertheuert alle Lebensbedürfnisse und beeinträchtigt am meisten die Steuer-Quelle, ohne daß irgend Jemand davon einen factischen Nutzen hat, weil eben die Besitzer der großen Güter-Complexe selbst im größten Nachtheile dabei sind.

Der Nachtheil, welcher das ganze Land dadurch trifft, daß derlei große, oft kaum zum sechsten Theil gehörig cultivirte und angebaute Güter-Complexe der östlichen Hälfte der Monarchie nur ein Minimum zur allgemeinen Steuer von dem beitragen, was sie durch eine zweckmäßige Theilung beitragen könnten, ist tausendmal größer als die ganze volle Zuckersteuer.

Als ein weiteres höchst dringendes Bedürfniß erscheint eine zweckmäßigere Einrichtung unserer Landschulen. Soll unser Arbeiter, unser Bauer dem allgemeinen Fortschritte auch in seiner Sphäre folgen, so genügt die dermalige Art und Weise des Elementarunterrichtes in den Landschulen nicht mehr. Wenn man sich eifrig bemüht, bessere Schulen für Gewerbe, für den Handel, für Kunst und Wissenschaft, für die Land- und Seemacht, kurz für alle höheren Potenzen der Gesellschaft zu errichten, um mit andern civilisirten Völkern auf gleicher Höhe zu bleiben, so sollte sich der Fortschritt auch auf die Elementarschulen des flachen Landes ausdehnen. Jene Staaten, welche in ihren Ackerbauverhältnissen uns voranstehen, waren in Folge der längst vorgenommenen Theilung des Bodens in der Lage, für den besseren Unterricht des Nachwuchses selbst zu sorgen, während bei uns durch die früheren gedrückten Verhältnisse des Bauerstandes derselbe gar nichts aus eigenen Mitteln dafür thun und auch den Werth derselben nicht gehörig schätzen lernen konnte.

Wenn nach dem Ausspruche der National-Oekonomen die
Arbeit
der einzig wahre Maßstab des Tauschwerthes aller Güter ist, und bis
jetzt hat Niemand das Gegentheil behauptet, so muß die Vermehrung der
Arbeit nothwendig auch mit Vermehrung von Tausch- und Zahlungsmitteln
gleichbedeutend sein. Die Begründung dieses Satzes erscheint ganz überflüssig. Ist aber die Vermehrung der Arbeit gleichbedeutend mit Vermehrung von Tausch- oder Zahlungsmitteln, so muß jede Industrie, welche
Arbeit und Gewinn in größerem Maßstabe schafft, als eine reiche Geld-
quelle betrachtet werden, welche so reichlich als möglich fließen zu machen, nicht nur im Interesse des Staates selbst liegt, sondern zur gebie-
terischen Pflicht seiner Selbsterhaltung wird. Niemand kann diesen
Grundsatz verkennen oder in Abrede stellen, der sich zu
den Lehren einer vernünftigen und zeitgemäßen Ratio-
nalökonomie bekennt.

Man hat die Lehren des mit Recht unsterblich genannten Adam
Smith dazu benützt, um zu beweisen, daß der Freihandel die einzige
wahre Handelspolitik ist. Die Grundlehre des berühmten Schotten
aber, daß die reichliche und fortschreitende Vermehrung der Arbeit der
Grundpfeiler des Wohlstandes und Uiberflusses ist, und daß erst dann
ein ersprießlicher Welthandel bei einer Nation eintreten kann,
wenn alle Kräfte gleichförmig darauf hinarbeiten, dieses Ziel zu erreichen;
davon nehmen die Prediger des Freihandelsystems Umgang.

Der Grundsatz, dasjenige nicht von Anderen thun zu lassen, was
man selbst thun kann, und nicht zu kaufen, was man selbst besitzt, steht
zu fest, als daß er so ohne weiters von einigen in unpraktischen Theorien
befangenen Doctrinären umgeworfen werden könnte, welche als bezahlte und
unbezahlte Anführer einer compacten Masse von Leuten, die, ohne selbst
zu produciren, blos vom Handel und von Speculationen, vom Magazi-
niren und Transportiren leben, von englischen Agenten bewußt oder un-
bewußt angeführt und zusammengehalten, kein Opfer scheuen, und alles
in Bewegung setzen, um jede aufkeimende Industrie, welche den weiten
Transport beeinträchtigen könnte, im Keime zu ersticken.

Der Freihandel, wie ihn diese Leute verstehen, und freie Bewegung des Handels, wie wir dieselbe verstehen, sind weit von einander
verschieden.

Diese Leute verstehen unter Freihandel gewaltsame Unterdrückung
einer jeden Industrie, welche den bisherigen Handel mit dem betreffen-

ben Artikel betrt. Wir verstehen unter freiem Handel die successive
Entfernung aller Schranken des innern und äußern Verkehrs, welche
hemmend auf unsere Productionsfähigkeit und auf Vermehrung der Arbeit einwirken. Wir wünschen freien Handel und Verkehr zur Hebung der Production, sie wollen Unterbrückung der Production zur
Hebung des Handels.

Es ist wohl nicht schwer hier herauszufinden, bei welcher dieser
beiden Ansichten wir besser fahren werden, obgleich sich selbe endlich dem
Scheine nach an einem Punkte begegnen sollten.

Der Weg, welchen die gefeierten Männer, die jetzt am Ruder
des österreichischen Staatsschiffes stehen, in neuester Zeit eingeschlagen
haben, um selbes auf die sichere Fährte zu lenken, gibt uns die volle
Versicherung, daß sie in der

Belebung und Vermehrung der Arbeit

die Grundpfeiler des Wohlstandes, der schnellen Entwicklung unserer
Kräfte und des Glückes richtig erkannt haben.

Verzeichniß

der

österreichischen Rüben-Zucker-Fabriken und Raffinerien

im Jahre 1857.

Amtliches Fab.-Zeich.	Standort der Fabrik	Protocollirte Firma	Name des Eigenthümers	Name des Pächters
1/B	Königsaal	Anton Richter	Anton Richter	
2/B	Prag	H. E. Herz		
3/B	Königsaal		Marianna Fürstin von Oettingen-Wallerstein	
4/B	Chlumetz		Josef Octavian Graf Kinsky	J. B. Riebl
5/B	Dobrauwitz		Fürst Churn und Taxis	
6'/B	Pribram		Johann Gedliczka	
7/B	Pradlo		Fürst Colloredo-Mansfeld	
8/B	Sukdol		Carl Freiherr von Dalberg	
9/B	Smichow b. Prag	Jos. Bärnreither	Josef Bärnreither	
10/B	Litschkau		Freiherr von Zeßner	
13/J	Laibach	R. k. priv. Laibacher Zucker-Raffinerie	Arnstein & Esteles	
12/J	Pittring		Gebrüd. Ritter v. Moro	
11/J	Görz	R. k. priv. Görzer Zucker-Raffinerie	Gebrüder Hatton Ritter v. Zahony Adolf Bockmann	
14/L	Mailand		C. Cernuschi	
15/L	Mailand		Pietro Calderari & C.	
16/L	Mailand		Geus Azimonti	
17/L	Mailand		Pirovano & C.	
18/M	Datschitz	R. k. pr. Datschitzer Zucker-Raffinerie	Baron v. Widtmann	
19/N	Wien	Michael Raffelsberger	Mich. Raffelsberger	

Haupt-Niederlage	Bei	Errichtet	Aufgelassen	Beiläufige Rübenverarbeitung pr. Jahr Centner	Anmerkung
Prag	Jg. Ferd. Kolb	1799 1834		100000	Zucker-Raffinerie Rübenzucker-Fabrik. Außer Betrieb Raffinerie
keine		1831		30000	Saftfabrik
Prag	J. B. Riebl	1842		50000	Zuckerfabrik
				90000	dto. Gänzlich aufgelassen
			1846		dto. dto.
		1834	1854		dto. dto.
Prag	Nr. 255				Raffinerie
		1835	185?	aufgelassen	Zuckerfabrik
Wien					Raffinerie
				aufgelassen	Rübenzucker-Fabrik
Wien					Raffinerie
			1846		dto.
			1840		dto.
					dto.
			1841		dto.
		1834	1852	aufgelassen	dto.
					dto.

Amtliches Fab.-Zeich.	Standort der Fabrik	Protocollirte Firma	Name des Eigenthümers	Name des Pächters
20/N	Wien	Ig. Mack		
21/N	Wien. Neustadt	Meyer & Schlick	Ernst Ritter v. Meyer	
22/N	Wien		Gosmar	
23/N	Wien		Bartholomäus Raffelsberger	
24/N	Wien	k. k. priv. Actien-Zucker-Raffinerie-Gesellschaft	Actien-Gesellschaft	
25/N	Wien	Zinner & Klein	Klein	
26/N	Niederabsdorf	Fürst Salm'sche Eisen-Maschinen-u. Zuckerfabrik	Hugo Carl Fürst zu Salm Reifferscheid	
27/J	Graz	k. k. priv. Grazer Zucker-Raffinerie	Arnstein & Esteles	
28/T	Trient	k. k. Trienter Zucker-Raffinerie	Actien-Gesellschaft	
29/V	Venedig		Giuseppe Reali	
30/V	Venedig		Antonio Giurato	
31/V	Udine	Franz Braida		
32/V	Verona		Carl Bonomi	
33/G	Olszanica		Graf Fresnel	
34/G	Czarneszowice		Johann Kwiech	
35/G	Puzniki		Stanislaus Mrczowiecki	
36/G	Krzywcice		Ritter v. Mikorowitz	
37/G	Bialekomien		Josef Malisch	
38/M	Karwin		Graf Larisch	

Haupt=Niederlage	Bei	Errichtet	Auf=gelassen	Beiläufige Rü=benverarbei=tung pr. Jahr Centner	Anmerkung
					Raffinerie
Wien					dto.
			1830		dto.
					dto.
					dto.
					dto.
Wien		1850		60000	Rübenzucker=Fabrik
Wien					Raffinerie
					dto.
					dto.
					dto.
					dto.
					dto.
					Zuckerfabrik
					dto.
					dto.
					dto.
					dto.
					dto.

Amtliches Fab.-Zeich.	Standort der Fabrik	Protocollirte Firma	Name des Eigenthümers	Name des Pächters
39/G	Niżniow		Carl Fürst v. Jablonowski	
40/G	Lancut		Jos. Alfred Graf Potocki	
41/B	Czaslau	Alex. Schöller	Alexander Schöller	
42/B	Martinowes		Ferd. Fürst Kinsky	
43/B	Bilin	Biliner k. k. Zucker-Fabrik	Ferd. Fürst v. Lobkowiß	
44/B	Neuhof		Graf Chotek	Clemens von Bachofen
45/B	Girna		Martin Wagners Erben	
46/L	Mailand		Justin Bouthon & Bonsignori Lombardi	
47				
48				
49/O	Aurolzmünster		Max. Freiherr v. Arco-Valley	
50/O	Puchheim		Math. Gager	
51/M	Raiß	Fürst Salm'sche Eisen-Maschinen- & Zuckerfabrik	Hugo Fürst Altgraf von u. zu Salm-Reifferscheid	
52/M	Napagedl		Georg Graf v. Stockau	
53/M	Martiniß	Ritter v. Neuwall'sche Zuckerfabrik	Jg. Albert und Leopold Ritter von Neuwall	
54				
55/B	Seltschan	Ferd. Fürst v. Lobkowiß		
56/B	Schlan	Werner Friedrich Freiherr v. Riese-Stallburg		
57				

Haupt-Niederlage	Bei	Errichtet	Auf-gelassen	Beiläufige Rü-benverarbei-tung pr. Jahr Centner	Anmerkung
					Zuckerfabrik
					dto.
Prag		1849		70000	dto.
		1835		20000	dto.
Prag	A. E. Hammer	1835		50000	dto.
dto.	J. F. Kolb	1836		60000	dto.
dto.	Halla & E.	1836		20000	dto.
			1845	aufgelassen	Raffinerie
			1836	20000	Rüben-Zucker-Fabrik
				aufgelassen	dto.
Wien		1836		90000	dto.
		1836		80000	dto.
Wien		1837		180000	dto.
					dto.
		1849	1851		dto.
Prag		1833		80000	

Amtliches Fab.-Zeich.	Standort der Fabrik	Protocollirte Firma	Name des Eigenthümers	Name des Pächters
58 / B	Enzowan	Ferdinand Fürst Lobkowitz		
59 / B	Wysokan	Friedrich Frey		
60 / B	Ktinetz	Fürst Joh. Lobko-witz'sche Z.-N.-F.	Fürst Joh. Lobkowitz	
61 / I	Krumpendorf	Thaddäus v. Lanner		
62 / I	Wasserhof	Stift St. Paul		
63				
64 / G	Grzywatow	Arthur Nikorowitz		
65 / G	Losninst	Josef Alfred Graf Potocki		
66 / G	Tlumacz	K. k. Actien-Gesellschaft für Zuckerfabriken in Galizien		
67 / G	Rzepniow	Gebrüder Herrmann		
68 / G	Rezplowic	Komaskaw's Erben		
69 / S	Eppenstein	Carl Ebersberg		
70 / B	Lieben Kakosta	Joh. Hr. Lendeke		
71 / B	Mühlhausen	Prälat von Strahow		
72 / B	Budweis	Actien-Gesellschaft		
73 / B	Liebesnitz	Liebesnitzer Zucker-Fabrik	Clemens Bachofen von Echt	
74 / B	Ledek		Fürst Colloredo	J. B. Riebl
75 / B	Kuffin	Hr. Dingler		
76 / B	Horometitz	Johann Schweiger		

Haupt-Niederlage	Bei	Errichtet	Auf-gelassen	Beiläufige Rü-benverarbei-tung pr. Jahr Centner	Anmerkung
				15000	Rüben-Zucker-Fabrik
		1836	1843	80000	bto.
		1836		50000	bto.
		1833		außer Brtrieb	bto.
				bto.	bto.
					bto.
				?	bto.
				?	bto.
		1843		300000	bto.
				außer Betrieb	bto.
				?	bto.
					bto.
				40000	bto.
		1837	1856	aufgelaffen	bto. zeitweilig einge-stellt
				bto.	bto. aufgelaffen
Prag	Jg. F. Kolb	1846		120000	bto.
Prag	J. B. Riebl	1836		30000	bto.
Wien und Prag		1847		100000	bto.
		1849		30000	

Amtliches Fab.-Zeich.	Standort der Fabrik	Protocollirte Firma	Name des Eigenthümers	Name des Pächters
77/B	Peket	Carl Weinrich		
78/M	Seelowitz	Robert & C.		
79/M	Czellechowitz	Ph. L. Graf St. Genois		
80/M	Fulnek	J. A. Blahut		
81/S	Marburg	von Schleigl		
82/B				
83				
84				
85				
86				
87				
88				
89/B	Carolinenthal	Bense & Pettermann		
90/B	Sadska	Johann Bürgermeister		
91/B	Liebnowes	H. C. Herz (Carl Weinrich)		
92/B	Dux	Durer Zuc.-Fab.-Gesellschaft	Actien-Gesellschaft	
93/B	Königinhof		Schweidar sen. Schweidar jun.	
94/B	Lieblitz		M. H. Satzger	
95/N	Wien		M. H. Satzger	

Haupt-Niederlage	Bei	Errichtet	Auf-gelassen	Beiläufige Rü-benverarbei-tung pr. Jahr Centner	Anmerkung
Prag	Steyskall und Oswald	1847		20000	Rüben-Zucker-Fabrik
Wien und Brünn		1834		300000	dto.
		1839		60000	dto.
				außer Betrieb	dto.
				dto.	dto.
				aufgelassen	Raffinerie
				20000	Rüben-Zucker-Fabrik
Prag	H. E. Herz			150000	dto.
Prag	A. J. Tachau	1849		100000	dto.
				12000	dto.
Wien	C. D. Satzger			100v00	dto.
Wien	C. D. Satzger				Raffinerie

Amtliches Fab.-Zeich.	Standort der Fabrik	Protocollirte Firma	Name des Eigenthümers	Name des Pächters
96				
97				
98 / N	Wien	K. k. pr. Zucker-Raffinerie	J. M. Miller	
99 / M	Eichhorn		C. D. Salzger	
100 / M	Tischnowitz	Freiherr von Schöll		
101 / M	Gaya	Carl Schloper		
102 / V	Treviso	Vittorelli & C.		
103 / N	St. Veit	K. k. priv. St. Veiter Z.-Raffinerie	L. Edler von Werth-heimstein	
104 / N	Dürnkrut	Carl Klein		
105 / B	Neubidschow	H. v. Lendere		
106 / B	Wodolka	M. Freiherr v. Riese-Stallburg		
107 / B	Slivonitz	Johann Kwiech		
108 / B	Konopischt	Fürst Johann Lobkowitz		
109 / B	Liffa	Ig. Gaffner & C.		
110 / II	Klausenburg	Actien-Gesellschaft		
111 / II	Gorbo	Rosalia Freiin Joffka		
112 / I	Oedenburg	Johann Ruprecht		
113 / I	Pest	(Carl Lichtl) Actien-Gesellschaft		
114 / I	Edelény	Fürst Coburg-Kohary		

Haupt-Niederlage	Bei	Errichtet	Aufgelaffen	Beiläufige Rübenverarbeitung pr. Jahr Centner	Anmerkung
					Raffinerie außer Betrieb
Wien				120000	Rüben-Zucker-Fabrik
				60000	dto.
		1848	1853	aufgelaffen	dto.
					Raffinerie
Wien				aufgelaffen	dto.
Wien		1845		150000	Rüben-Zucker-Fabrik
Prag		1835		50000	dto.
Prag		1835		60000	dto.
Prag				30000	dto.
Prag .	H. Albert	1849		50000	dto.
Prag	J. B. Bunzl	1849		50000	dto.
				nicht in Betrieb	dto.
				aufgelaffen	dto.
Oedenburg					Raffinerie
Peft				60000	Rüben-Zucker-Fabrik
				50000	dto.

6

Amtliches Fab.-Zeich.	Standort der Fabrik	Protocollirte Firma	Name des Eigenthümers	Name des Pächters
115 / I	Neusohl		Actien=Gesellschaft	
116 / I	Preßburg		Gebrüder Kiesling	
117 / I	dto.		dto.	
118 / I	Pest		Actien=Gesellschaft	
119 / II	Hermannstadt		dto.	
120 / II	Kronstadt		Theofil Römer	
121				
122				
123 / M	Sokolnitz		Fr. X Ernst Graf Mitrowsky	
124 / M	Nzimnitz		Graf von Stockau	
125 / M	Proßnitz		B. J. Back	
126 / M	Schebetau		Gräfl. Strachwitz'sche Zucker=Fabrik	
127 / G	Bielkaslaczetzka		Cajetan Urusti's Erben (Urusti's Erben)	
128				
129				
130				
131 / M	Freiberg		Laurenz Czernotzky	
132 / M	Brünn	K. k. priv. Brünner Zuckerfabrik	Johann Putterlik	
133 / M	Olmütz		Franz Ruprecht	

Haupt=Niederlage	Bei	Errichtet	Auf-gelaffen	Beiläufige Rü-berverarbei-tung pr. Jahr Centner	Anmerkung
				aufgelaffen	Rüben=Zucker=Fabrik
Preßburg				dto.	dto.
Preßburg					Raffinerie, identisch mit 113
Peft					dto.
				20000	Rüben=Zucker=Fabrik
				nicht in Betrieb	dto.
		1840		100000	dto.
		1852		30000	dto.
				außer Betrieb	dto.
		1846		20000	dto.
				?	dto.
		1846		100000	Rüben=Zucker=Fabrik
			1854		dto.

6*

Amtliches Fab.-Zeich.	Standort der Fabrik	Protocollirte Firma	Name des Eigenthümers	Name des Pächters
134 / M	Schwarzkirchen		Johann Kier	
135 / M	Mähr. Ostrau		Gr. Dingler	
136				
137				
138				
139				
140				
141 / I	St. Miklos		Freiherr Joh. v. Sina	
142 / I	Szered		Actien-Gesellschaft	
143 / I	Girin	Giriner Zucker-fabrik	Ernst Bauer, D. Kotter-mann, Jg. Hartig	
144 / I	Szered		A. F. Berkier	
145 / I	Kaschau		Actien-Gesellschaft	
146 / I	Saffin		Rudolph Freiherr v. Pathon	
147 / I	Szolczán		Rudolph Walko & Wilh. Schill	
148 / I	Tyrnau		Gebrüder Paymár	
149 / I	Szigetvár		Ladislaus Czindery	
150 / I	Karwa		Carl Koller	
151 / I	Süffits		Perutz & Baumann	

Haupt-Niederlage	Bei	Errichtet	Auf-gelaffen	Beiläufige Rü-benverarbei-tung pr. Jahr Centner	Anmerkung
		1836		12000	Rüben-Zucker-Fabrik
		1846		40000	bto.
		1849		300000	bto.
			aufgelaffen		Raffinerie
Wiener Neuftabt		1850		60000	Rüben-Zucker-Fabrik
				30000	bto.
		1844		20000	bto.
		1847		80000	bto.
		1833		20000	bto.
		1837		40000	bto.
			aufgelaffen		bto.
			bto.		bto.
		1847		60000	bto.

Amtliches Fab.-Zeich.	Standort der Fabrik	Protocollirte Firma	Name des Eigenthümers	Name des Pächters
152 / I	Gyines	C. Graf Forgates		
153 / I	Gacs	A. Graf Forgatcs		
154 / I	Wille	Isab. Gräfin Forgatcs		
155 / I	Podlucs an			
156 / M	Bisenz	K. k. Bisenzer Zuckerfabrik	Kurzweil & C.	
157 / M	Troppau	I. Rübenzuckerfabr. in Troppau	Actien-Gesellschaft	
158 / M	Koffitz	K. k. priv. Koffitzer Zucker-Fabrik	J. Freiherr v. Sina	
159 / M	Dolloplas	Laurenz Padowetz		
160 / M	Karthaus	Königsfelder Zucker-Fabrik	Theodor Bauer	
161 / M	Mödritz	J. H. Sopuch & C.	Alois Kupka, J. H. Sopuch, Jos. Teuber	
162 / M	Saigern	F. Wittmann		
163 / M	Wisternitz	Wisternitzer Zucker-Fabrik	C. A. Primavesi, Pf. Primavesi, J. U. Siegl	
164 / M	Mähr. Neustadt	C. W. Fleischmann		
165 / M	Domazlitz	C. Mick		
166 / M	Kwaffitz	Ferdinand Urbanek Emanuel Proskowetz		
167 / B	Philippshof	Johann Ritter von Eisenstein		
168 / B	Sehuschitz	Anton Patzelt		
169 / B	Syrowatta	M. Freiherr von Dobkensky		
170 / B	Zditz	S. Ballg & Machaczek		

Haupt-Niederlage	Bei	Errichtet	Auf-gelassen	Beiläufige Rü-benverarbeitung pr. Jahr Centner	Anmerkung
				aufgelaffen	Rüben-Zucker-Fabrik
				dto.	dto.
				dto.	dto.
					dto.
		1847		60000	dto.
		1848		80000	dto.
		1847		100000	dto.
		1852		50000	dto.
		1852		100000	dto.
Brünn		1850		200000	dto.
Brünn		1850		60000	dto.
		1850		80000	dto.
		1850		60000	dto.
		1850		30000	dto.
		1850		68000	dto.
		1851		50000	dto.
		1850		25000	dto.
		1850		20000	dto.
		1850		50000	dto.

Amtliches Fab.-Zeich.	Standort der Fabrik	Protocollirte Firma	Name des Eigenthümers	Name des Pächters
171/B	Ruttenberg		M. B. Teller	
172/B	Czakowitz		Alexander Schöller	
173/I	Ercsen			
174/I	Oedenburg		Johann Ruprecht	
175/—	Egyed		Alexander Graf Festetics	
176				
177/I·	Siegendorf		Conrad Patzenhofer & J. Baecher	
178/I	Oedenburg	Castagne & C.	Gustav Castagne, Carl Leidenfrost	
179/I	Pazmann		Actien-Gesellschaft	
180				
181				
182				
183				
184				
185/III	Czepin	Elias Letie		
186				
187				
188				
189				

Haupt=Niederlage	Bei	Errichtet	Auf-gelassen	Beiläufige Rü-benverarbei-tung pr. Jahr Centner	Anmerkung
		1850		50000	Rüben=Zucker=Fabrik
		1850		200000	dto.
					dto.
					dto.
				außer Betrieb	dto.
		1858		50000	dto.
		1854		50000	dto.
		1854		30000	dto.
				außer Betrieb	
					Rüben=Zucker=Fabrik

Amtliches Fab.-Zeich.	Standort der Fabrik	Protocollirte Firma	Name des Eigenthümers	Name des Pächters
190				
191 / B	Bĕlohrad		Alfons Graf v. Aichelburg	
192 / B	Türmitz		Albert Graf von Nostitz	
193 / B	Trebowalek		Franz Girtler Ritter v. Kleeborn	
194 / B	Schleb		Vincenz Carl Fürst Auersperg	
195 / B	Blatna		Robert Freiherr von Hildprandt	
196 / B	Hostaczow		Friedr. Ritter von Neupauer	
197 / B	Postelberg		Joh. Adolph Fürst zu Schwarzenberg	
198				
199				
200				
201 / M	Dürnholz		Valentin Koczircz	
202 / M	Brünn		Moritz Bauer	
203 / M	Bedihoscht		Actien-Gesellschaft	
204 / M	Troppau		Actien-Gesellschaft	
205 / M	Barzdorf	Ig. Seidl, A. Latzel, J. Latzel	Gesellschaft	
206 / M	Ozlowan		Carl Stummer	
207 / M	Grusbach		Carl Namel & C.	
208 / M	Proßnitz		Actien-Gesellschaft	

Haupt-Niederlage	Bei	Errichtet	Auf-gelassen	Beiläufige Rübenverarbeitung pr. Jahr Centner	Anmerkung
Prag	Jof. Dechy			20000	
Prag	Jof. Dechy	185		60000	
				?	
		1852		50000	
		1852		20000	
		1846		20000	
		1852		100000	
			aufgelaſſen		Rüben-Zucker-Fabrik
		1851		50000	dto.
		1851		250000	dto.
		1851		70000	dto.
		1851		150000	dto.
		1851		100000	dto.
		1850		200000	dto.
		1845		40000	dto.

Amtliches Fab.Berch.	Standort der Fabrik	Protocollirte Firma	Name des Eigenthümers	Name des Pächters
209 N	Stauding		Gräfin Blücher v. Wahlstatt	
210				
211				
212				
213				
214				
215				
216				
217				
218				
219				
220				
221				
222				
223	Opočno		Fürst Colloredo-Mannfeld	
224				
225	Aužic bei Weltrus		Graf Chotek	
226				

Haupt-Niederlage	Bei	Errichtet	Auf-gelassen	Beiläufige Rü-benverarbei-tung pr. Jahr Centner	Anmerkung
		1852		50000	Rüben-Zucker-Fabrik
		1856		80000	
				60000	

Amtliches Fab.-Zeich.	Standort der Fabrik	Protocollirte Firma	Name des Eigenthümers	Name des Pächters
227				
228				
229				
230				
231 / I	Wieselburg		K. k. Hoheit Erzherzog Albrecht	
232				
233				
234				
235				
236				
237	Gr. Zinkendorf	Anton Luft		
238				
239				
240				
241				
242				
243				

Haupt=Niederlage	Bei	Errichtet	Auf= gelassen	Beiläufige Rü= benverarbei= tung pr. Jahr Centner	Anmerkung
		1854		60000	
		1855		60000	

Amtliches Fab.-Beich.	Standort der Fabrik	Protocollirte Firma	Name des Eigenthümers	Name des Pächters
244				
245				
246				
247				
248				
249				
250				

Haupt=Niederlage	Bei	Errichtet	Auf= gelassen	Beiläufige Rü= benverarbei= tung pr. Jahr. Centner	Anmerkung

7

Die
österreich. Zucker-Fabriken und Raffinerien
nach ihrem Standorte alphabetisch geordnet.

Standort	Nr. der Fabrik	Standort	Nr. der Fabrik
Absdorf	26	Enzowan	58
Auschitz	225	Ercsény	173
Aurolzmünster	49	Egyed	175
Antonovacs	?		
		Freiberg	131
Barzdorf	205	Fizetö	151
Biali-Kamen	37	Fulnek	80
Biehlorad	191		
Bedihosch	203		
Bisenz	156	Gaya	101
Blatna	195.	Gács	
Brünn	132, 202	Girna	45
Buchheim	50	Ghymes	152
Bilin	43	Gorbo	111
Budweis	72	Görz	11 R.
		Gratz	27 R.
Czakowitz	172	Gruschbach	207
Czellechowitz	79	Grzymalon	64
Czaslau	41		
Chlumetz	4	Hermannstadt	119
Czepin	185	Hirin	143
Chotzomischl	7	Horoměřzitz	76
		Hostaczow	196
Datschitz	18 R.		
Daubrawitz	5	Kaschau	145
Dolloplas	159	Karwa	150
Domaschlitz	165	Karwin	38
Dürnkrut	104	Karthaus	160
Dur	92	Klausenburg	110
		Klobauk	53
Edelény	114	Königinhof	93
Eggenstein	69	Kon-pischt	108
Eichhorn	99	Krumpendorf	61

Standort	Nr. der Fabrit		Standort	Nr. der Fabrit	
Kirznitz	60		Oberfuchau	38	
Arzywcie	36		Ollmütz	133	
Kronstadt	120		Oßlowán	206	
Ruttenberg	171		Ostrau Mähr.=	135	
Awaschitz	166				
Königsaal	1 3	R.	Pazmány	179	
			Pečet	77	
			Pisazowice	37	
			Pest	113	
Laibach	13	R.	Postelberg	197	
Lancut	40		Preßburg	116, 117	
Ledetsch	74		Pradlo		
Lieben (Rákosta)	70		Prag	2	R.
Liebnowes	91		Przibram	6	
Liebesnitz	73		Proßnitz	125, 208	
Lissa	109		Puchheim	50, 54	
Litschtau	10		Putznitz	35	
Lieblitz	94		Podlußin	155	
			Philippshof	167	
Mailand	14 bis 17. 49 R.		Ranzhofen	50	
Mitlos St.=	141		Raiz	51	
Martinowes	42		Rákosta (Lieben)	70	
Mödritz	161		Raigern	162	
Mühlhausen	71		Rzimnitz	124	R.
Martinitz	53		Roffitz	158	
			Ruffin	75	
Napagedl	52				
Neubidschow	105		Sajtostál	?	
Neusohl	115		Schleb	194	
Neustadt Wr.	21	R.	Sadsta	90	
dto. Mld.	164		Sebastiansberg	197	
Neuhof	44		Sellowitz	78	
Nizniow	39		Seltschau	55	
			Schlan	56	
O Gyalla	?		Schwarzkirchen	134	
Opočno	223		Schelletau	126	
Oedenburg	112, 174, 178		Schönhof		
Obßanica	33		Sehuschitz	168	

Standort	Nr. der Fabrik	Standort	Nr. der Fabrik	
Siegendorf	177	Venedig	29, 30	R.
Slowoniz	107	Verona	32	R.
Sirowatka	169	Viktering	12	
Smichow	9	St. Veit	103	R.
Sapin	146	Vilke	154	
Smidar	?			
Sokolowka	34			
Stauding	209			
Sokolnitz	123			
Sukdol	8	Wien	19, 20, 22,	
Szered	142, 144		23, 24, 25,	
Szolcsán	147		95, 98	R.
Szigetvár	149	Wisokan	59	
Surany Magy	?	Wisternitz	163	
		Wieselburg	1, 231	
Tischnowitz	100	Wodolka	106	
Treviso	102 R.	Wsetin		
Tyrnau	148	Wasserhof	62	
Tlumacs	66	Weltrus	?	
Trient	28 R.			
Troppau	157, 204			
Trebowalek	193			
Türmitz	192			
Totis	?	Zditz	170	
		Zleb	195	R.
		Zinkendorf	237	
Ulbersdorf	57			R.
Udine	31			R.
				R.

Alphabetisch geordnetes
Namens=Verzeichniß der Zuckerfabriks=Beſitzer.

Name	in	Nr. der Fabrik	
Actien=Geſellſchaft	Wien	24	Raffinerie
dto. dto.	Trient	28	dto.
dto. dto.	Clumacs	66	Zuckerfabrik
dto. dto.	Budweis	72	aufgelaſſen
dto. dto.	Dur	92	Zuckerfabrik
dto. dto.	Klauſenburg	110	dto.
dto. dto.	Neuſohl	115	aufgelaſſen
dto. dto.	Peſt	118	Zuckerfabrik
dto. dto.	Herrmannſtadt	119	dto.
dto. dto.	Szered	142	dto.
dto. dto.	Kaſchau	145	dto.
dto. dto.	Troppau	157	dto.
dto. dto.	Paſmany	179	dto.
dto. dto.	Bedchoſt	203	dto.
dto. dto.	Troppau	204	dto.
dto. dto.	Proßnitz	208	dto.
Albrecht Erzherzog, k. k. Hoheit		231	
Aichelburg Alfons Graf		191	
Arco=Valley		49	
Arnſtein & Eskeles		13, 27	R.
Azimonti H.		16	R.
Auersperg V. Carl Fürſt		194	
Bachhofen von Echt Clemens		44, 73	
Bächle J.		177	
Bauer C. W.		143	
dto. Theod.		160	
dto. Moritz		202	
Baumann		151	
Bernhard Freiherr v.		50	
Back Bern.		125	

Name	Nr. der Fabrik	Name	Nr. der Fabrik
Benfe & Pettermann	89	Fresnel Graf	33
Berlier Af.	144	Forgats Graf	152
Bärnreither	9	dto.	153
Benhon Juftin	46	dto.	154
Blahut J. A.	80	dto. Gräfin	142
Böckmann Adolph	11		
Braida H. Frz.	31	Gaßner & C.	109
Bonomie Carl	32	Gosmar	22
Blücher Gräfin von		Girtler Frz.	193
Wahlftatt	209	Giurato Ant.	30
Burgermeifter S.	90	Gurmat Joh.	37
		Gerfon	?
		Haager Mths.	54
		Hatton Gebrüder	11
Czury J. v.		Hartig Jg.	143
Calderari Pietro C.	15	Herrmann Geb.	67
Caftagne H.	178	Herz & C. E.	2, 91
Cernufchi C.	14	Hildebrand Robert	
Cindery	149	Freiherr v.	195
Chotek Graf	44, 225		
Colloredo Fürft	74, 223		
Czernin Graf	7	Jablonowfti	39
Czernowfky Laurenz	131	Jofika	111
Czernin Graf	?		
Dalberg	8		
Dingler Wr.	75, 135	Kamel & C.	207
Dobkenfty Midi Freih.	169	Klein	25
		Klein C.	104
		Kifling Geb.	116
Ebersberg Carl	69	Kleborn Ritter v.	193
Eifenftein	167	Kier Johann	134
		Kinfty Graf Octavian	4
		dto. dto. Ferdinand	42
		Köller	
Seftetics	175	Koburg Kohary	
Fleifchmann C. W.	164	Krupka	161
Frey	59	Kurzweil & C.	156

Name	Nr. der Fabrik	Name	Nr. der Fabrik
Kwiech	34, 107	Padowetz	159
Koczirz	201	Patzelt Ant.	168
		Patzenhofer C.	177
		St. Paul	62
		Peruz	151
Lichte C.	113	Pirowano & C.	17
Larisch Graf Münich	38	Primavesi Geb.	163
Lanner Th. v.	61	Proskowitz Em.	166
Lazel Gebr.	205	Potocki	40, 65
Lendeke Joh. & C.	70, 105	Puthon Rud. Freih. v.	146
dto.	105	Putterlik	132
Leidenfrost C.	178		
Lekitsch E.	185		
Lichtl	113		
Lobkowitz Ferd. Fürst	43, 55, 57, 58		
Lobkowitz Fürst Joh.	60	Raffölsberger M.	19
dto. dto.	108	dto. Bart.	23
Luft Ant.	237	Reyer & Schlik	21
Lippmann	7	Reali	29
Mack Wr.	20	Riedl J. B.	74, 107
Malisch Jos. Erben nach	37	Riese-Stallburg	56, 106
Machaczek Jos.	170	Richter Anton	1
Miller Wwe.	98	Romaskan's Erben	68
Mick Carl	165	Römer	120
Mittrowski Graf Fr. & Ernst	123	Robert & C.	78
Mrtzowiecki	34, 35	Rottermann D.	143
Moro Gebr. Ritter v.	12	Rupprecht F.	133
Neuwall Alb. & Leop. Ritter v.	53	dto. J.	112
Neupauer Fried. Rit. v.	196	Reich	114
Nikorowitz Ant. Graf	36, 64	Ribarz	
Nostiz Alb. Graf	192		
Neumann	151	Seidl Jg.	205
		Schwender J	76
Oettingen-Wallerstein	5	Salm - Reifferscheid Hugo Altgraf	26, 51
Oppelt	6	Satzger	94, 95, 99
		Saint Genois Phil. Lud. Graf	79
		Schwager	76

Name	Nr. der Fabrik	Name	Nr. der Fabrik
Schleigl	81	Urusti's Erben	130
Schwendar & Sohn	93	Urbanek Ferd.	166
Schill	147		
Schoßer	101		
Schöll Freiherr von	100	Vittorelli & C.	102
Schöller A.	41, 172, 114	Vaymar Geb.	148
Schwarzenberg	197		
Siegel J. N.	163, 205		
Sina	141, 158	Wagner Franz	?
Sopuch J. H.	161	Wagners Erben	45
Strachwitz G.	126	Walko	147
Stokan Graf	52, 124	Widtmann Br. v. Ad.	18
Strahöwer Prälat	71	Wittmann Frz.	162
Stummer	206	Weinrich Carl	77
Sala J.	170	Werthheimstein Leop.	
Schaumburg - Lippe		Edler v.	103
Fürst	?		
Stenier	?		
Teller M. B.	171	Zahony Ritter von	11
Teuber Jof.	161	Zähner	10
Thurn und Taxis Fürst	5	Zinner Klein	25
Thun Graf	160	Zichy Graf Nicol.	151

Die Zahl der am 1. Jäner 1857 in Thätigkeit bestandenen Rüben=
zuckerfabriken war 100 und zwar:

über 250000 Ctr.		200/250000 Ctr.		150 bis 200000 Ctr.		100 bis 150000 Ctr.	
66	400000	203	220000	38	160000	26	140000
78	260000	207	200000	205	150000	53	113000
141	250000					73	120000
161	250000					99	120000
172	250000					104	121000
188	300000					160	110000
						206	101000
6	1748000	2	420000	2	310000	7	825000

Centner	Fabriken	
über 250/M.	6	1748000
200	2	420000
150	2	310000
100	7	825000
75	11	1015000
50	30	1700000
25	20	745000
25	22	375000
	100	7138000

75 bis 100000 C.		50 bis 75000 Ctr.		25 bis 50000 C.		unter 25000 Ctr.	
1	100000	4	52000	3	28000	37	24000
5	100000	41	70000	60	28000	42	16000
51	85000	43	52000	77	48000	45	20000
56	80000	44	50000	100	40000	49	20000
91	85000	52	50000	109	40000	58	15000
92	75000	59	70000	124	30000	70	15000
94	100000	75	65000	135	35000	71	2600
123	90000	79	56000	148	30000	74	25000
132	100000	105	50000	167	45000	93	3000
158	100000	106	50000	177	36000	119	15000
197	100000	114	53000	179	30000	126	15000
		143	60000	194	40000	134	10000
		146	60000	208	30000	145	15000
		151	60000	209	45000	147	20000
		156	50000	6	24000	165	24000
		157	70000			168	20000
		162	50000			169	15000
		163	73000			191	18000
		164	60000			195	20000
		166	68000			196	20000
		170	50000			?	20000
		178	60000			?	23000
		192	52000				
		202	50000				
		204	63000				
		?	50000				
		?	56000				
		?	50000				
		?	50000				
			50000				
11	1015000	30	1700000	20	745000	22	375000

Nach der Zeit der Errichtung.

1830	1831	1832	1833	1834	1835	1836	1837	1838	1839	1840	1841	1842	1843
1	5	6+	56	38	37+	44	71		79	10		4	66
3			61+	39	42	45	94		114	12			119
7+			147	40	43	49	148			123			
8+					51	50							
					78	52							
					99	53							
					106	59							
						58							
						60							
						64+							
						72							
						74							
						100							
						134							

1844	1845	1846	1847	1848	1849	1850	1851	1852	1853	1854	1855	1856	1857
145	104	73	75	157	55	26	37	124	177	133	23	6	
	208	101	47		91	41	54	159	197	178	?		
		126	135		92	143	167	160		179	?		
		132	146		93	161	192	191					
		196	151		108	162	202	194					
			156		109	163	203	195					
			158		141	164	204	209					
					188	165	205						
						166	206						
						168	207						
						169							
						170							
						172							

Daher:

im Jahre	Fabriken		im Jahre	Fabriken
1830	2		1844	1
1	1		5	2
2	1		6	5
3	3		7	7
5	3		8	1
6	14		9	8
7	3		1850	14
8	1		1	10
9	2		2	8
1840	3		3	2
1	1		4	3
2	1		5	3
3	2		6	6

Von 1830—1840 40 Fabriken
1840—1850 31 „
1850—1857 46 „
wovon 14 wieder eingingen.

Nach den einzelnen Kronländern.

		Ctr. Rüben				Ctr. Rüben
	Böhmen.				Uibertrag......	1872000
			172	Czakowitz		200000
1	Königsaal	100000	191	Belohrad............		20000
3	Königsaal	30000	192	Türmitz		60000
4	Chlumetz............	50000	194	Schleb		50000
5	Dobrauwetz............	90000	195	Blatna		20000
41	Czaslau	70000	196	Hostaczow		20000
42	Martinowes	20000	197	Postelberg............		100000
43	Bilin	50000	223	Opocno		80000
44	Neuhof............	60000	235	Auzic		60000
45	Girna...............	20000	?	Schönhof............		80000
56	Schlan	80000				2462000
58	Enzowan	15000				
59	Wysoczan............	80000		**Mähren und**		
60	Arzinetz............	50000		**Schlesien.**		
70	Lieben Makosta.....	40000	51	Raitz		90000
73	Liebesnitz	120000	52	Napagedl		50000
74	Ledetz	30000	53	Martinowes		180000
75	Kuffin	100000	78	Sellowitz............		300000
76	Horomierzitz........	30000	79	Czellechowitz		60000
77	Peket	20000	99	Eichhorn		120000
90	Sadska............	20000	100	Tischnowitz............		60000
91	Liebnowes............	150000	123	Sokolnitz............		100000
92	Dur............	100000	124	Azimnitz............		30000
93	Königinhof	12000	126	Schelletau		20000
94	Lieblitz	100000	133	Brünn		100000
105	Neubidschow	50000	134	Schwarzkirchen......		12000
106	Wodolka............	60000	135	Mähr. Ostrau		40000
107	Sliwonitz	30000	156	Bisenz............		60000
108	Konopischt............	50000	157	Troppau............		80000
109	Liffa............	50000	158	Kossitz		100000
167	Philippshof........	50000	159	Dolloplas		50000
168	Sehuschitz	25000	160	Karthaus		100000
169	Syrowatka............	20000	161	Mödritz		200000
170	Zditz	50000	162	Raigern............		60000
171	Kuttenberg	50000	163	Wisternitz		80000
	Fürtrag......	1872000		Fürtrag......		1892000

		Ctr. Rüben			Ctr. Rüben
	Uibertrag......	1892000		**Ungarn.**	
164	Mähr. Neustadt.....	60000	114	Edelény.......	50000
165	Domaschlitz..........	30000	141	St. Miklos............	300000
166	Kwassitz..............	68000	143	Birm.................	60000
202	Brünn..............	50000	144	Szered.......	30000
203	Bedihost.............	250000	145	Kaschau..............	20000
204	Troppau............	70000	146	Saffin..............	80000
205	Barzdof.............	150000	147	Szolksan.............	20000
206	Oslowán..........	100000	148	Tyrnau..............	40000
207	Griesbach..........	200000	151	Tissitö..............	60000
208	Prossnitz.............	40000	177	Seegendorf...........	50000
209	Stauding..........	50000	178	Oedenburg............	50000
		2960000	179	Pazmany.............	30000
	Nied.-Österreich.		231	Wieselburg...........	60000
			237	Zinkendorf...........	60000
26	Niederabsdorf......	60000	?	Magy Surómy.......	100000
104	Dürnkrut..........	150000	?	Cotis................	70000
	Ober-Österreich.		?	Antowacs...........	70000
			?	Kis-Balap...........	40000
49	Kurolzmünster.......	20000	?	Podluscan...........	20000
	Galizien.				1210000
	Tlumacs..............	300000		**Siebenbürgen.**	
				Hermannstadt......	20000

Es entfällt somit auf

Mähren und Schlesien............	41 pCt.
Böhmen...	34 „
Ungarn und Siebenbürgen...........	18 „
Galizien......	4 „
Oesterreich......	3 „
	100 pCt.

Im Jahre 1857—58 dürfte die Menge der zur Verarbeitung kommenden Rüben bereits 8000000 Cent. und der daraus gewonnene raffinirte Zucker mindestens 400000 Cent. betragen, so daß die Consumtion einschließlich des sicher mehr als 800000 Ctr. betragenden zum Verkaufe eingeführten Colonial-Zuckers schon mehr als 3 Pfd. pr. Kopf beträgt. Die mit Rüben bepflanzte Fläche beträgt für dieses Quantum circa 27000 Joche; die verbrauchten Steinkohlen 3200000 Cent.; und die Gesammtausgaben laut Tabelle E werden circa 15 Millionen betragen, welche fast ausschließlich der Arbeit zu gut kommen, während anhererseits dem Lande a ch t Millionen erspart werden, welche spurlos verschwunden wären.

Druckfehler.

Seite 76 in Liebesnitz wird nur 100,000 statt 120.000 Ctnr. Rübe verarbeitet.

Seite 92 Zusatz: Graf Chotek und A. E. Komers.

Firma k. k. landesbefugte Weltruser Zuckerfabrik.

Haupt-Niederlage: Prag bei B. Schmitzer.

„ 101 ist „Weltrus" wegzulassen.

„ 103 wegzulassen „Chotek Graf Nr. 44" und zu lesen:

„Chotek Graf und A. E. Komers Nr. 225."